Krystal Rivers
mit Matthias Schmid

Die Ärzte sagten: Du wirst niemals laufen können. Also entschied ich mich zu springen.

Krystal Rivers
mit Matthias Schmid

Die Ärzte sagten: Du wirst niemals laufen können. Also entschied ich mich zu springen.

Meine unglaubliche Geschichte an die Weltspitze des Volleyballs

KOMPLETTMEDIA

Druckprodukt mit finanziellem
Klimabeitrag
ClimatePartner.com/23517-2407-1001

MIX
Paper from
responsible sources
FSC® C100431
www.fsc.org

Originalausgabe
1. Auflage 2024
Verlag Komplett-Media GmbH
2024, München
www.komplett-media.de

ISBN: 978-3-8312-0631-5
Auch als E-Book erhältlich

Konzeption und Text: Matthias Schmid
Lektorat: Janina Jetten
Korrektorat: Elisa Garrett, Bayreuth
Umschlaggestaltung: FAVORITBUERO, München
Satz: Daniel Förster, Belgern
Druck & Bindung: MultiPrint Ltd.,10A Slavyanska str., 2230 Kostinbrod, Bulgaria

Gedruckt in der EU

This book is dedicated to my grandma (1936–2023).
My story is a part of your incredible story.
You continue to inspire me every day.

INHALT

VORWORT

Der Tag, an dem ich Krystal erstmals begegnete, begann gleich mit einer Enttäuschung.

Unser Mannschaftsarzt kam aufgeregt zu mir, nachdem er sie untersucht hatte. »Medical Check« heißt das im Profisport. Jede Sportlerin wird eingehend auf Herz und Nieren untersucht, darauf, ob sie auch spielfähig ist. Belastungs-EKG, Bluttest, Röntgen des Knochenbaus. Solche Sachen.

Normalerweise findet dieser Check vor der Vertragsunterzeichnung statt. Bei Krystal ging das terminlich nicht, sodass wir die Untersuchung nachholten, als sie in Stuttgart eintraf.

Der Arzt sagte zu mir, die Nummer 13 wird nie spielen können.

»Was hast du denn da für eine geholt? Ihr Körper ist durch«, sagte er.

Er begleitete mich daraufhin zum ersten Mannschaftstraining. Und als er Krystal spielen sah, bekam er seinen Mund nicht mehr zu. Er staunte und sagte immer wieder zu mir: »Das kann nicht sein.« Wie könne sie so hoch springen und so hart schlagen. Das sei unmöglich. »Ein Wunder.«

Ja, Krystal ist ein Wunder. Anders kann man es nicht beschreiben. Wer ihre Krankengeschichte kennt, ihren Überlebenskampf nach der Geburt, ihr Krebsleiden, ihre Panikattacken, ihre ständigen Infektionen, kann nur ungläubig den Kopf schütteln, wenn er sie spielen sieht. Keine springt höher als sie, niemand schmettert härter.

Und obwohl sie diese körperlichen Einschränkungen hat, steht sie bei uns schon seit sechs Jahren unter Vertrag. Ich kann aus voller Überzeugung sagen: Sie ist die beste Verpflichtung in der Geschichte von Allianz MTV Stuttgart. Sie hat uns mit ihren Stärken zu einer Meistermannschaft gemacht, zu einem Klub, der nach vielen Enttäuschungen endlich Titel gewinnen kann. Sie war das letzte Puzzlestück, das uns dafür noch gefehlt hat.

Krystal hat unseren Klub mit ihrer positiven Mentalität, mit ihrem großen Kämpferherz und ihrem unbändigen Siegeswillen wachgerüttelt, ihre Teamkolleginnen mitgerissen. An ihr können sie sich immer aufrichten. Steht sie auf dem Feld, sind alle anderen gleich viel stärker. Sie sehen: Wenn Krystal mit solchen Problemen spielen kann, sind meine Beschwerden dagegen nicht erwähnenswert. Und Krystal gibt nie auf, egal wie aussichtslos die Situation auf dem Feld erscheinen mag.

Sie hat immer offen und ehrlich über ihre gesundheitlichen Probleme gesprochen, nichts verheimlicht. Für uns war ihre physische Situation überhaupt kein Problem. Wir haben ihr deshalb auch gerne Sonderrechte eingeräumt, die andere Spielerinnen nicht bekommen. Sie belegt auf Auswärtsfahrten als einzige immer ein Einzelzimmer. Und sie benötigt eine eigene Kabine, um sich in Ruhe versorgen zu können. Außerdem hat sie ein Ärzteteam, an das sie sich sofort wenden kann, wenn Schwierigkeiten auftauchen.

Nicht nur unser Mannschaftsarzt war bei ihrem ersten Training von ihrer Leistungsstärke verblüfft, auch ich war das. Ich hatte sie schon länger beobachtet, gescoutet, wie wir das nennen.

Der Trainer und ich haben viele Videos von ihr angeschaut, als sie in Frankreich spielte.

Wir wollten sie unbedingt als neue Spielerin für uns gewinnen und hatten deshalb zu ihr und ihrem Berater Kontakt aufgenommen. Wir kannten bis dahin ihre bewegende Lebensgeschichte nur in Grundzügen. Ich war mir trotzdem sicher, dass sie uns voranbringen und das geben kann, was uns bis dahin gefehlt hat. Sie hat ja in Frankreich mit dem Meisterschaftsgewinn angedeutet, was sie zu leisten vermochte.

Und dann stand sie im ersten Training endlich mit ihrer Naturgewalt vor uns – und war in Wirklichkeit noch viel besser als auf den Bildern.

Es gibt nämlich nicht viele Spielerinnen auf der Welt, die so komplett sind wie sie. Sie hat diese Athletik, diese extreme Sprungkraft. Dazu verfügt sie über eine Spielintelligenz, die Angreiferinnen auf diesem Niveau ganz häufig fehlt. Sie erkennt Lücken, die andere nicht sehen. Sie kann in der Abwehr die Bälle phantastisch abwehren – und das alles trotz ihrer – für eine Volleyballerin – geringen Körpergröße von 1,80 Metern. Sie kann alles sehr gut.

Und abseits der Halle habe ich Krystal zu Beginn als sehr introvertierten Menschen kennengelernt. Als aufrecht und sehr ehrlich.

In Holland sagen wir: Sie ist wie eine Katze im Baum. Sie studiert erst einmal die anderen, bevor sie ihnen vertraut und ihnen näherkommt.

Sie ist ein Glücksgriff für uns – und für mich ganz persönlich ein Vorbild im Leben. Ihre positive Ausstrahlung tut uns allen gut, sie hilft dabei, uns auf das Wesentliche zu konzentrieren und uns nicht über kleine Dinge im Alltag aufzuregen. Ich freue mich von ganzem Herzen, dass ihr Leben nach der großen Operation im Mai 2024 einfacher geworden ist, sie weniger kämpfen muss.

Ich bin überzeugt, dass sie auch nach ihrer Karriere als Profisportlerin auf sich aufmerksam machen und zu außergewöhnlichen Leistungen fähig sein wird. Sie ist für jedes Unternehmen eine Bereicherung, mit ihrer Intelligenz, mit ihrer exzellenten universitären Ausbildung und Lebenserfahrung. Vielleicht wird sie ein neues Leben in Spanien beginnen, wohin sie gerne reist.

Aber zunächst freue mich darauf, dass sie noch eine weitere Saison für uns spielen wird. Und wer weiß, vielleicht werden es sogar noch zwei Jahre.

Wir werden in jedem Fall ihre Nummer 13 an keine weitere Spielerin mehr vergeben. Wir hängen ihr Trikot unters Hallendach, wie es im amerikanischen Profisport auch üblich ist bei verdienten Spielern.

Und sie wird immer willkommen sein in Stuttgart.

Ich jedenfalls werde Krystal sowieso nicht vergessen können, weil meine Tochter am gleichen Tag Geburtstag hat wie sie.

Am 23. Mai.

Krystal hatte das immer vorhergesagt, obwohl der berechnete Geburtstermin ein ganz anderer war.

Krystal, du bist ein wunderbarer Mensch.

Kim Oszvald-Renkema,
Sportdirektorin Allianz MTV Stuttgart,
September 2024

KAPITEL 1

DIE ENTDECKUNG DER LANGSAMKEIT

Ich werde aufhören.

Schluss machen mit dem Volleyball.

Meiner Gesundheit endlich die größtmögliche Aufmerksamkeit schenken.

Volleyball war in all den Jahren eine Flucht für mich, mein Weg, um mit allem klarzukommen. Aber jetzt ist es an der Zeit, auf meinen Körper zu hören und etwas anderes zu machen.

Die Spielzeit 2023/24 würde definitiv meine letzte sein. Diese Entscheidung hatte ich im Sommer 2023 getroffen. Schweren Herzens natürlich.

Den Profisport vorzeitig für immer zu verlassen, vor allem, wenn man richtig gut ist – das macht man nicht mal eben so.

R-Ü-C-K-T-R-I-T-T – das ist ein Unwort, hochtoxisch, es existiert im Wortschatz eines Profis nicht. Auch bei mir nicht.

Ich lebe nicht nur vom, sondern vor allem für den Volleyball. Ich liebe dieses Spiel, ich liebe den Auftritt auf großer Bühne vor vielen Zuschauern und ich liebe den Erfolg.

Mit Stuttgart gewann ich bisher vier deutsche Meisterschaften, zweimal den deutschen Pokal. Ich spielte in der Champions League gegen die besten Spielerinnen der Welt und war Teil der amerikanischen Nationalmannschaft.

Volleyball ist mein Beruf, mein Leben, etwas, das ich so gut kann, wie kaum eine andere auf der Welt. Das gibt man nicht einfach auf oder schmeißt es leichtfertig weg.

Einerseits.

Andererseits konnte ich nicht mehr in diesem Sommer des vergangenen Jahres. Ich hatte einfach genug. Vom ständigen Fieber, von der Müdigkeit, den Schmerzen. Ausgelöst durch Nierenbeckenentzündungen, die sich hartnäckig hielten.

Ich war so kraftlos, dass ich nicht ins Fitnessstudio gehen konnte, um mich zumindest ein wenig in Form zu halten, geschweige denn auf dem Feld mit meiner Mannschaft hätte trainieren können.

Ich hatte mir schon zu lange zu viel zugemutet – viel zu oft bin ich über meine körperlichen und mentalen Grenzen hinausgegangen. Ich wollte das so, weil Volleyball mein Leben ist und ich gerne Vorbild für andere war. Aber nun war ich nur noch leer und ausgelaugt, die Krankheit und die Schmerzen hatten das mit mir gemacht.

Im Hochleistungssport ist der Körper dein Kapital. Das ist nicht einfach so dahingesagt und keine der vielen Floskeln, die Sportler gerne aus Bequemlichkeit von sich geben. Sätze wie: »Ich denke von Spiel zu Spiel.« Oder: »Das kann ich nicht beantworten. Da müssen Sie den Trainer fragen.« Es ist tatsächlich so.

Vor allem auf meiner Position als Angreiferin sind meine Athletik und meine Sprungkraft meine großen Stärken.

Sie können in einem Spiel den Unterschied machen über Sieg oder Niederlage und über Meisterschaften. Meine medizinischen Probleme wurden aber immer schlimmer und bedrohlicher. Vor allem, weil keiner der Ärzte eine Erklärung dafür finden konnte, warum mein Körper ständig rebellierte und ich Fieber und Infektionen bekam.

Zum Jahreswechsel 2021/22 war ich schon einmal kurz davor, mit dem Volleyball aufzuhören. Ich war 27 Jahre alt und fühlte mich hoffnungslos und verloren, weil ich schon damals körperlich am Ende war. Die vorangegangene Saison hatte ich nicht gemeinsam mit meinen Mitspielerinnen nach der Finalserie auf dem Parkett, sondern im Krankenhaus beendet, auch damals schon war eine schlimme Nierenbeckenentzündung die Ursache.

Ich fragte mich zu dem Zeitpunkt, was ich meiner Mannschaft überhaupt noch geben konnte, denn ich war fast mehr damit beschäftigt, gesund zu werden als zu trainieren. Zum Glück sahen das meine Mitspielerinnen bei Allianz MTV Stuttgart anders: Sie waren es, die mich dazu anspornten, mich nicht aufzugeben.

»Mach das, was für dich am besten ist. Du bist eine von uns und wir wollen dich in unserem Team«, sagten sie. Und sie fügten hinzu: »Hör auf deinen Körper.«

Wenn das bei mir so einfach wäre …

Das Ding ist, dass ich nie auf mich geachtet habe, im Gegenteil: Stets habe ich versucht, physikalische Grenzen zu verschieben.

Diesmal musste ich mir eingestehen, dass auch ich Grenzen habe, über die ich nicht ständig hinausgehen sollte und die ich vor allem akzeptieren musste – ich musste lernen, dass Grenzen völlig okay sind. Alle Menschen haben die.

Ich musste es langsamer angehen, mich nicht permanent damit zu stressen, alles irgendwie erzwingen oder schaffen zu wollen. Bisher hatte ich versucht, das volle Pensum durchzuziehen und wirklich jede Einheit mitzumachen.

Der Zuspruch meiner Mannschaft und ihr Verständnis half mir dabei, auch diese gesundheitliche Krise zu überwinden. Sie sahen mich weiterhin als vollwertiges Teammitglied.

Und ich erkannte, dass ich selbst dann noch auf einem hohen Level spielen konnte, wenn ich weniger trainiere. Meine Erfahrung, mein Spielverständnis erlaubten mir das.

Meine Trainingswoche mit einem Spiel am Samstag hatte bisher so ausgesehen: montags und mittwochs tagsüber Krafttraining, abends Teamtraining. Dienstags und donnerstags morgens und abends Volleyball. Freitags wieder Teamtraining und am Samstag ist schließlich der Spieltag.

Das konnte ich nicht mehr aufrechterhalten und nahm mir Freiräume, also trainierte weniger, drosselte die Intensität, verordnete mir sogar einen Tag Pause die Woche. Um meinem Körper viel Ruhe zu gönnen und ihn und mein ganzes Immunsystem nicht unnötig zu strapazieren. So war die Chance höher, am Samstag, wenn eine Partie anstand, möglichst fit und ausgeruht ins Spiel zu gehen.

Ich entschied mich also zum Jahreswechsel 2021/22 für einen radikalen Schritt, für eine Art Neustart. Ich konzentrierte mich von nun an auf die Höhepunkte in der Saison, auf die wirklich wichtigen Spiele, die wir unbedingt als Mannschaft gewinnen mussten.

Ich konnte nicht weiter ein Leben auf der Überholspur führen, einen Gang zurückschalten war das Minimum.

All das fiel mir wahnsinnig schwer, aber ich konnte mit der Situation – zumindest beim Volleyball – besser umgehen – und es half tatsächlich eine Zeit lang.

Bis die Schmerzen wiederkehrten, sich zu den ewigen Infektionen auch noch eine Fistel »gesellte«, ein tiefgehendes Geschwür also, das sich entwickelt hatte – und entfernt werden musste.

Selbst bei dem niedrigeren Sportpensum waren die Schmerzen unerträglich und es ging mir 2023 einfach nur noch dreckig. »Nun musst du der Wahrheit ins Gesicht schauen«, dachte ich. »Es bringt nichts mehr. Du bist ausgebrannt. Hör auf.«

Meine neue Rettung kam im September 2023. Da traf ich meinen früheren Arzt Oliver Muensterer in München wieder. Nach zwanzig Jahren. Er hatte mich als Teenager in meiner Heimat Birmingham im amerikanischen Bundesstaat Alabama wegen meiner Fehlbildungen behandelt und mehrmals zusammengeflickt.

Inzwischen war er zurück in seine Heimat gekehrt und arbeitete am Klinikum der Ludwig-Maximilians-Universität München als Leiter der Kinderchirurgischen Klinik und Poliklinik. Ich kontaktierte ihn, weil andere Ärzte in Stuttgart mich aufgegeben hatten: »Zu kompliziert«, sagten sie.

Dr. Muensterer hörte mir zu, studierte meine Akten und fragte mich schließlich: »Würdest du weiterspielen, wenn es dir gesundheitlich wieder besser ginge? Würdest du dann deine Profikarriere fortsetzen?«

Ich war überrascht über diese Fragen, blieb aber zunächst standhaft. Ich wollte ehrlich zu mir selbst sein, wollte meinem Körper, der schon so viel mitgemacht hatte in meinem Leben, an dem ich regelrecht Raubbau betrieben hatte, nun endlich schonen.

Die meisten Menschen würden wahrscheinlich denken: »Hey, ist doch großartig, wie weit du bis dahin gekommen bist. Jetzt ist ein guter Zeitpunkt, etwas Neues in deinem Leben zu beginnen.« Dass ich doch froh sein könne – bei meiner Geschichte.

Schließlich war ich mit schwersten Geburtsfehlern zur Welt gekommen. Die Ärzte wussten zunächst gar nicht, ob ich die ersten Stunden überhaupt überleben würde. Ich tat es, musste aber von frühester Kindheit an unzählige Male operiert werden.

Es mag sein, dass ich hätte froh sein können. Nur bis Dezember 2021 habe ich mich nicht einmal ernsthaft krank gefühlt, ganz egal, was bisher war, und es war einiges.

Angefangen hatte es mit den Ärzten, die meinen Eltern in den ersten Lebensjahren erzählten, dass ich nicht hüpfen, klettern und rennen oder mich überhaupt bewegen dürfte. Es interessierte mich nicht, was sie sagten, ich machte es trotzdem, wenn ich nach Hause kam.

Diese Einfach-machen-und-alles-ignorieren-Mentalität sollte sich durch mein ganzes Leben ziehen. Selbst als ich mit 19 Jahren Lymphknotenkrebs im dritten Stadium hatte oder meine Angststörungen und Panikattacken medikamentös behandelt werden mussten – fühlte ich mich nie krank. Bis ich eben vor Schmerzen wirklich nicht mehr konnte.

Aber auf einmal gab es wieder Hoffnung. Muensterer erläuterte mir, dass er mich mit einer großen Operation so hinbekäme, dass mein Leben wieder erträglich wäre, weitgehend schmerzfrei sogar und dass ich zwei, drei Jahre weiter auf hohem Niveau spielen würde können.

Ich merkte, dass mein Entschluss ins Schwanken geriet. Seine Worte drangen zu mir durch und ich fasste Mut. Ich würde weiterspielen können? Ich lächelte ihn an und sagte: »Ich vertraue Ihnen!«

Und mein alter, neuer Arzt sollte recht behalten. Professor Muensterer fand endlich die Ursache heraus, warum ich so litt: der künstliche Ausgang der Blase durch die Bauchdecke, das sogenannte Urostoma, war für meine permanenten Nierenbeckenentzündungen verantwortlich. Eine kleine Fehlbildung in einem meiner Harnleiter, die direkt zum Beutel führen, hat dafür gesorgt, dass sich dort Bakterien einnisten konnten, die resistent gegen eine Vielzahl von Antibiotika geworden sind.

Kurz schoss mir durch den Kopf, dass man zu dieser Diagnose doch schon sehr viel früher hätte gelangen können. Aber gleichzeitig war ich einfach grenzenlos erleichtert. Weil ich endlich Antworten auf die Fragen bekam, warum ich so oft krank gewesen war. Warum ich ständig aus dem Nichts heraus Fieber bekommen hatte. Und warum ich mich in meinem jungen Alter mit diesen Entzündungen herumplagen musste und fast mehr Zeit in Krankenhäusern und Arztpraxen verbracht hatte als in der Trainingshalle und im Kraftraum.

Es war eine psychische Befreiung.

Und tatsächlich: Meine Infektionen sind mittlerweile unter Kontrolle. Ich trinke mehr und achte noch mehr darauf, was ich esse. Und nehme zur Prophylaxe täglich ein neues Nitrofurantoin, ein antibiotischer Arzneistoff, der besser wirkt. Dr. Muensterer hat mir mein Leben zurückgegeben. Und ich kann weiter Volleyball spielen.

Meine Frühpensionierung als Sportlerin durfte also warten. Ich freue mich nun darauf, Ende September 2024 in meine mittlerweile siebte Spielzeit beim Volleyball-Erstligisten Allianz MTV Stuttgart zu gehen.

KAPITEL 2

MEINE GEBURT – EINE TRAUMATISCHE ERFAHRUNG FÜR MEINE MOM

Erst als ich vollständig mit Kopf, Körper und Beinen auf der Welt war, erkannten die Ärzte, dass mit mir etwas nicht stimmte. Wobei »etwas« definitiv untertrieben ist: Ich litt unter einer offenen Bauchdecke, Rückenmarksfehlbildungen, deformierten Hüftknochen. Organe wie Nieren und Magen lagen außerhalb des Körpers und funktionierten nicht richtig. Meine Blase war viel zu klein. Fast alles war fehlerhaft entwickelt und nicht an der Stelle und in der Größe, wie es die Natur eigentlich vorgesehen hat.

Aber mein Herz schlug.

Es waren dramatische Stunden für meine Mutter Deborah und meinen Vater John Frank. Über meine Geburt erzählt meine Mama bis heute kaum etwas, sie kann es schlichtweg nicht. Für sie war es eine traumatische Erfahrung, ein regelrechter Höllenritt. Für dieses Buch aber hat sie darüber mit mir gesprochen und mir Details verraten, die mir bisher unbekannt waren.

Ich kam als ihr zweites Kind zur Welt. Die Geburt mit meinem Bruder Frank zwei Jahre zuvor war glatt und problemlos verlaufen. Deswegen sah sie meiner Niederkunft entspannt entgegen.

Schließlich war die meiste Zeit der Schwangerschaft mit mir eine ganz normale, unaufgeregte. Meine Mutter fühlte sich gut und ich entwickelte mich altersgerecht. Das einzig ungewöhnliche war höchstens, dass die Ärzte mich bei den Routinekontrollen mit dem Ultraschallgerät nie richtig »sehen« konnten. Ich lag immer ungünstig für die Schallwellen.

Ungefähr in der 38. Woche plagten meine Mutter heftige Rückenschmerzen – und plötzlich setzten die Wehen ein. Zu früh. Mein errechneter Geburtstermin war eigentlich erst ein paar Wochen später.

Die Fruchtblase war zwar nicht geplatzt, aber es ging ihr nicht sonderlich gut und so bat meine Mutter meinen Vater, sie ins Krankenhaus zu fahren. Dort angekommen, konnten die Ärzte aber nichts Besorgniserregendes feststellen. Als die Wehen in immer kürzeren Abständen kamen, leiteten die Ärzte und Hebammen die Geburt schließlich ein. Sie verlief so, wie es sein musste: Meine Mama brachte mich auf natürliche Weise zur Welt, ohne Notfall, ohne Kaiserschnitt. Das war einer dieser Punkte, die ich nicht gewusst hatte. Dass es so normal war – bis es eben nicht mehr normal war.

Meine Mutter sagt, dass ihre Erinnerungen an genau jenen Moment, als ich zur Welt und in ihr Blickfeld kam, sie also sah, dass ich körperlich nicht so war, wie es sein sollte, irgendwie undeutlich sind.

Sie weiß nur, dass die Ärzte auf einmal hektisch wurden und es im Kreißsaal drunter und drüber ging. An den panischen Augen der Ärzte und Krankenschwestern hinter ihren weißen Gesichtsmasken konnte sie ihre Ohnmacht und Ratlosigkeit ablesen.

Wahrscheinlich stand meine Mutter unter Schock. Sie erzählt von den Minuten nur, dass sie auf sich selbst von außen wie auf eine Fremde geschaut habe – ich schätze mal, ein Schutzmechanismus, um nicht durchzudrehen. Wie es ihr dabei wirklich ging, behält sie bis heute für sich.

Mein Vater kann sich genau an den Moment erinnern, als er mich sah: Er war vollkommen erschüttert von meinem Anblick. Während der Geburt war er nicht von der Seite meiner Mutter gewichen und hatte sich darauf gefreut, ein zweites, gesundes Kind in seine Arme nehmen zu können, so wie meinen Bruder, der vollkommen normal geboren worden war. Stattdessen war an mir nichts in Ordnung, für jeden Laien erkennbar. Die Tränen liefen ihm übers Gesicht und er verbarg seine eigene Hilflosigkeit, indem er meine Mutter versuchte zu beruhigen.

Als meine Oma und meine Tante Rosalind, die Schwester meiner Mutter, eintrafen – mein Vater hatte sie sofort angerufen –, war ich bereits weggebracht worden und sie fanden meine völlig aufgelöste Mutter in ihrem Krankenzimmer vor. In dem Moment löste sich die gesamte Anspannung bei ihr – ihr ganzer Körper bebte. Sie schluchzte, dass ihr Kind leiden müsste und sie nicht wüsste, was mit ihm überhaupt los sei.

Minutenlang nahm meine Tante sie in den Arm. Dann übernahm meine Oma, legte sich zu ihrer Tochter und tröstete sie.

Rosalind fragte meinen Vater: »Willst du mir jetzt nicht einmal die kleine Krystal zeigen?« Eine Krankenschwester führte die beiden zu mir.

Und da lag ich – auf der Intensivstation in einem Babybett. Allein und völlig unbedeckt.

Rosalind war geschockt – und zwar nicht einmal von meiner offenen Bauchdecke: »Kein Mensch hatte sich um dich gekümmert«, sagt sie noch heute empört zu mir.

Auf sie wirkte es, als hätte mich das medizinische Personal schon aufgegeben. Sie und mein Vater drängten die Ärzte deshalb dazu, endlich etwas zu unternehmen. »Sie stirbt uns sonst«, war sie sich sicher.

Die berieten sich, was die nächsten Schritte sein sollten, wirkten aber selbst zunächst ratlos und wussten wenig Fragen zu beantworten.

»Wir versuchen unser Bestes. Aber«, so bereiteten sie meinen Vater aufs Schlimmste vor, »es könnte sein, dass Ihre Tochter diese Nacht nicht überleben wird.«

Wenn doch, fuhren sie fort, wäre nicht absehbar, welche Schäden blieben und wie mein Leben werden würde.

Es wäre also kein Fehler, sagten die Ärzte meinem Vater, ruhig vorsichtshalber Abschied zu nehmen von dem kleinen Menschen, der da so schutzlos in seinem Bettchen lag.

Meine Tante erzählte mir, dass sie anfing, für mich zu beten. Nach einiger Zeit kamen die Ärzte wieder auf sie und meinen Vater zu. Sie hatten sich mit anderen Spezialisten beraten und hatten beschlossen, mich sofort notzuoperieren. Ihr Plan war, die offenen Bauchstellen in einem ersten Schritt so gut wie möglich zu verschließen.

Dafür mussten sie mich in eine Kinderklinik verlegen, meine Mutter durfte nicht mit – die Trennung von mir war ein weiterer Tiefschlag für sie.

Die Chirurgen kämpften auf dem Operationstisch tatsächlich um mein Leben, denn während sie meine Bauchdecke zunähten, setzte plötzlich mein Atem aus. Ein Detail, das meiner Mutter erst wieder durch meine Nachfragen eingefallen war. »Meine arme Mama, was hat sie alles bei meiner Geburt durchmachen müssen«, dachte ich mir nur.

Die Ärzte bekamen meinen kurzen Herzstillstand zum Glück wieder in den Griff. Ich atmete wieder. Ich lebte.

Sie hatten ein Organ ums andere zurück in mein Inneres gebracht und meine Bauchdecke zugenäht. Einzig die zu kleine Blase befand sich weiterhin außerhalb meines Körpers. Meine Mutter erzählte mir, wie die Krankenschwestern Frischhaltefolie benutzten, um die Blase zu bedecken. So wurde sie geschützt und feuchtgehalten, damit sie sich nicht entzünden konnte.

Auf diesen Eingriff folgten noch weitere, ungefähr sechs nach den Erinnerungen meines Vaters, denn es hatten sich nicht alle Geburtsfehler auf einmal korrigieren lassen. Das Ziel war, alle Organe meines Verdauungs- und Atmungssystems so zu operieren, dass sie »vorschriftsmäßig« arbeiten konnten.

Während andere Kinder also in ihren ersten Wochen auf dieser Welt schreien, zappeln und im Idealfall von ihren Eltern mit Liebe überschüttet werden, begann mein Leben mit Operationen.

Und für meine Eltern und meinen Bruder mit einer großen Leere – sie vermissten ihre Tochter, ihre Schwester.

Das Kinderzimmer mit all den neu gekauften und geschenkten Spielzeugen und Babysachen muss ein trauriger Anblick gewesen sein. Ebenso das Babybett im Schlafzimmer, das über 30 Tage leer bleiben sollte.

Meine Mom kam täglich in der Kinderklinik vorbei. So gern sie es gewollt hätte, damals war es nicht üblich, beim Kind im Zimmer übernachten zu dürfen. Aber sie brachte mir ihre Muttermilch, weil sie nicht wollte, dass ich künstliche Säuglingsnahrung bekam.

Keine Selbstverständlichkeit, denn in den ärmlicheren Stadtbezirken von Birmingham, in denen meine Eltern lebten, war es nicht üblich, ein Neugeborenes zu stillen. Aus einem einzigen Grund: Die Mütter mussten rasch wieder arbeiten gehen, um die Familienexistenz zu sichern.

Erst einen Monat nach meiner Geburt konnten meine Eltern mich dann endlich mit nach Hause nehmen. Statt Windeln zu wechseln, mussten nun sie meine kleine Blase mit Frischhaltefolie wickeln … und regelmäßig meinen Kolostomiebeutel, das ist ein künstlicher Darmausgang, austauschen. Aber sie hatten ihr kleines Mädchen endlich bei sich.

Allerdings nur für wenige Monate, denn die nächsten Operationen waren schon angesetzt: eine, in der die Ärzte meine Blase zurück unter die Bauchdecke setzten. In einer anderen brachen sie mir beide Hüften und setzten mir vorübergehend Metallplatten und Schrauben ein. Das war notwendig, weil ich an einer Hüftdysplasie litt und meine Hüftgelenkspfanne und der Oberschenkelknochen nur so wieder normal zusammenwachsen konnten.

Nach dieser OP kehrte ich leider nicht heim, sondern zog zu meiner Oma. Sie besaß ein Krankenhausbett, das ich benötigte, um mich fixieren zu können. Für ein zweites war schlichtweg kein Geld da – das Gehalt meiner Eltern reichte gerade für die Monatsmiete und Essen.

Deshalb waren wir auf das Gehalt meiner Mom angewiesen, denn so etwas wie Elternzeit gibt es bei uns in den Staaten nicht. Und sie hätte nicht weiterarbeiten können, mit der Rundum-Betreuung, die ich benötigte. Und mein großer Bruder war schließlich auch noch da.

Meine Mutter war damals, und ist es noch heute, bei der »Birmingham Urban League« angestellt, das ist eine Non-Profit-Organisation, die sich um sozial schwache Menschen kümmert, indem sie Jobtraining anbietet. Sie hilft Menschen, die etwas Eigenes gründen wollen, bei der Wohnungssuche sowie bei Bildungs- und Gesundheitsfragen. Ein guter, sicherer Job.

Ohne meine Oma und meine Tante Rosalind, die abends mithalf, hätte meine Mama es nicht geschafft. Sie kam damals natürlich täglich vorbei und telefonierte jede freie Minute mit meiner Oma, weil sie wissen wollte, wie es mir ging. Genauso mein Vater, der ebenso wie meine Mutter arbeitete. Er ist Football-Trainer in einem Sportpark bei uns in Birmingham.

Ich musste also im Bett meiner Oma liegen und durfte mich nicht bewegen. Die Ärzte waren sich nach der Operation nicht sicher, ob ich je würde laufen können oder mich normal entwickeln würde.

Doch das Gegenteil traf ein. Ich erholte mich schneller als gedacht.

»Du hast die Ärzte mit deinem Willen immer wieder verblüfft – schon als du noch sehr jung warst«, sagte mir mein Vater einmal. Ich konnte zwar noch nicht aufrecht gehen, schließlich war nicht einmal eins, aber das hinderte mich nicht daran, mich auf andere Art zu bewegen: Ich drehte mich vom Bauch auf den Rücken und vom Rücken auf den Bauch. Ich robbte und versuchte mich an allem, was mir in die Sicht kam, hochzuziehen, am Sofa, an den Stühlen, am Tisch. Meine Entwicklung glich im Grunde der eines ganz normalen Babys.

Als ich ein Jahr alt war, stand erneut eine Operation an. Diesmal war es eine komplizierte Rückenoperation, eine, die keine Routine war, weil sensible Nervenstränge davon betroffen sind. Sie war erforderlich, um mein Tethered-Cord-Syndrom zu reparieren. Das ist eine genetisch bedingte Fehlbildung des Nervenkanals, des Rückenmarks und der Wirbelsäule.

Aber alles klappte reibungslos, so gut sogar, dass ich, so schilderte es mir meine Mama, nach Hause kam und das Bett in eine Spiellandschaft verwandelte: »Du hast dich bewegt wie ein Flummi, wild und ohne Unterlass«, erzählt sie. »Und ich? Habe mir riesige Sorgen um dich gemacht, weil die Ärzte gesagt hatten, dass du dich schonen und ruhig im Bett liegen sollst.« Auf gar keinen Fall sollte ich aber aufstehen und mich bewegen. Sie rief darauf sofort erregt im Krankenhaus an. Doch die Mediziner beruhigten sie – sofern ich keine Schmerzen hätte und es mir dabei gut ging, dürfte ich das tun. Sie sollte lediglich beobachten, dass das auch so bleibt und sich nicht verschlechtert.

Genau diese Sätze habe ich mein ganzes Leben lang gehört – bis heute: »Du kannst so viel machen, wie du willst, wenn sich dein Zustand nicht verschlimmert und du dich dabei okay fühlst.«

Es dauerte nicht mehr lange, bis ich meine ersten Schritte machte. Nicht nur meine Eltern staunten, auch für die Ärzte war ich ein Phänomen. Meine Mutter erzählte mir für das Buch voller Stolz: »Die Ärzte sagten zu uns: ›Sie haben ein besonderes Kind. Ihre Tochter hat so viel Energie und ist so bewegungsbegabt.‹«

Ich hatte immer angenommen, dass ich recht spät gehen gelernt hätte.

Aber auch in dieser Hinsicht unterschied ich mich offensichtlich nicht groß von den anderen Kindern. Alles entwickelte sich so, wie es musste, obwohl ich mit den Metallplatten, Schrauben und Drähten schon einige externe Bauteile in mir herumtragen musste.

Und so ging es dann weiter in den ersten Lebensjahren mit mir.

Mein Vater erzählte mir, dass ich genauso energiegeladen war wie mein Bruder, ich spielte und tobte – so ausgelassen und viel ich konnte. Auch meine Oma bestätigte das mit einem breiten Grinsen: »Die kleine Krystal tanzte die ganze Zeit, sie war ein Energiebündel, immer in Bewegung.«

Die Fotos, die mir meine Tante Rosalind für dieses Buch schickte, belegen das recht eindrücklich.

Sie zeigen mich dabei, wie ich ein Rad schlage oder wie ich tanzend und hopsend die Welt entdecke.

Dazu hatte ich einen eigenen Kopf, ich war ein richtiger Dickschädel, der immer wusste, was er wollte.

Ich konnte mich wohl hinreißend aufregen. Meine Mutter erzählt immer wieder gerne mit einem Lächeln im Gesicht eine Geschichte, als ich drei Jahre alt war und meinen Vater nicht zu einem Baseballspiel begleiten durfte. Er nahm immer eine Kühlbox voller Dosenbier mit. Und ich war vor Ärger so außer mir, dass ich die ganze Tasche gefüllt mit Bier von der Veranda kickte. Nicht wenige Dosen waren so beschädigt, dass sie ausliefen. Das kostbare Bier.

Meine Zornesausbrüche bekam auch mein Bruder mit. Er war zu jung, um einschätzen zu können, ob das in meinem Alter ein völlig normales Verhalten war oder damit zu tun hatte, was seine jüngere Schwester in den ersten Jahren nach der Geburt alles durchmachen musste – er war ja nur zwei Jahre älter als ich.

Er reagierte darauf, wie ein Bruder das eben tut: Er ärgerte mich. Zum Beispiel damit, dass ich den Kolostomiebeutel mit mir herumtragen musste. Klar, ist ja auch verlockend.

Erst als meine Mom ihm ausführlich erklärte, wofür ich diesen seltsamen Beutel brauchte, konnte er die Situation besser verstehen. Ab dem Moment war er in meiner Erinnerung immer super fürsorglich. Wenn sich jemand mir näherte, stellte er sich ihm in den Weg, um mich heldenhaft zu beschützen wie ein Bodyguard. Auch mein Großvater tat das, obwohl er an Alzheimer erkrankt war. Er sagte zu jedem Besucher, wenn ich in seinem Haus war, dass seine Enkelin ein großer Schatz sei, den alle beschützen müssen.

Aber ich wollte gar nicht beschützt werden. Mich interessierten die sorgenvollen Blicke meiner Eltern nicht, ihre Bedenken, ihr ständiges Geraune: »Krystal, sei bitte vorsichtig, übernimm' dich nicht.«

Diese ewige Leier von: »Wird sie wohl jemals laufen können? Wird sie jemals selbstständig leben können oder wird sie immer auf fremde Hilfe angewiesen sein?«, das ging mir auf die Nerven.

Ich wollte mehr: Ich wollte so sein wie alle anderen Kinder. Das tun können, was sie tun.

Ich wollte lachen, tanzen, spielen, hüpfen und Bäume hochklettern. Und rennen. Ich liebte es, zu laufen. Ich begnügte mich nicht damit, »einfach nur« zu rennen, ich wollte schneller sein als alle anderen in meinem Alter. Ich wollte meine Grenzen austesten, meinen Willen durchsetzen.

Ich hatte schon als Kind diese besondere Gabe, um die ich heute noch von vielen beneidet werde – die Mentalität und den Willen, mich nicht einzuschränken, sondern das zu tun, worauf ich Lust habe.

Meine Eltern haben also früh gemerkt, dass ich eine kleine Kämpferin bin.

Ich wollte leben, und zwar in vollen Zügen.

Obwohl das zunächst gar nicht möglich schien.

KAPITEL 3

MEINE GRANDMA KOCHT DEN BESTEN REIS

Wenn ich an meine Oma denke, dann erinnere ich mich sofort an den betörenden Duft von Soul Food.

Er kriecht mir in meine Nase und verzaubert meine Sinne. Grandmas Süßkartoffelpasteten, ihr Truthahn mit Käsemakkaroni oder ihr Süßkartoffelkuchen – all das war einfach köstlich. Sie hat diese traditionellen, afroamerikanischen Gerichte aus dem Süden immer zu besonderen Anlässen – an Sonntagen, zum Erntedankfest und an Weihnachten – gemacht. Es hat ihr große Freude bereitet, ihre Familie mit feinem Essen zu verwöhnen.

Wie ich ihr Essen vermisse.

Am meisten vermisse ich den wunderbaren Geruch ihres frisch gebackenen Maisbrots. Er verwandelte ihr Haus in die Küche eines typisches Südstaaten-Restaurants.

Ich wünschte, man könnte ihn in kleine Fläschchen abfüllen, um ihn überallhin mithinnehmen und so in schweren Stunden einatmen zu können.

Als Kind war ich sehr oft bei meiner Oma, fast öfter als zu Hause.

Ihr Haus war mein Zufluchtsort, meine Wohlfühloase, ein Ort, an dem ich unbedingt sein wollte, weil er mit guttat. Nicht wegen des Dufts des Maisbrots, auch, okay, aber vor allem wegen meiner Großmutter. Sie war meine wichtigste Bezugsperson.

Ich kann mir nicht vorstellen, wie ich meine Kindheit ohne sie hätte verbringen können.

Wir haben ein schönes Sprichwort in den USA, es heißt: »It takes a village to raise a child« – »Es braucht ein ganzes Dorf, um ein Kind großzuziehen«.

Dieser Aphorismus ist sehr populär in den Staaten. Offenbar stammt er von einem afrikanischen Sprichwort ab. Er war und ist weit verbreitet in den Vierteln, in denen ich aufgewachsen bin, hauptsächlich schwarz geprägte Communities im Süden Amerikas, in Birmingham im US-Bundestaat Alabama. Überall dort war das Sprichwort zu hören und zu lesen, auf T-Shirts, sogar Postern, die in der Schule hingen – und auch meine Familie nahm die Redewendung sehr ernst.

Das Zentrum des Dorfes, von dem in dem Sprichwort die Rede ist, war definitiv das Haus meiner Oma, der Mama meiner Mutter: Willia Dean Spencer. Ihre Freunde und Schwestern nannten sie Dean. Ich sagte einfach nur Grandma.

Sie ist in der Vorweihnachtszeit 2023 verstorben, kurz bevor sie 87 Jahre alt geworden wäre.

Wenige Tage bevor sie starb, war ich noch einmal bei ihr daheim. Wir ahnten zu dem Zeitpunkt schon alle, dass ihre Zeit auf Erden zu Ende gehen würde.

Grandma und ich erlebten ein paar schöne und bewegende Stunden zusammen. Ich saß zum Beispiel an ihrem Bett und wir hörten den Gospelsong »Order my steps in your words«.

Während sie beseelt lauschte, mit geschlossenen Augen, hielt ich ihre Hand, sie drückte ganz fest zu.

Viel geredet haben wir nicht mehr, dazu war sie schon zu schwach. Sie starb, als ich gerade wieder in Deutschland landete. Vielleicht hatte sie gespürt, so stelle ich es mir zumindest vor, dass ich in meiner zweiten Heimat sicher angekommen war.

Meine erste Heimat, das war (und ist) wohl dieses Zentrum – das Haus, in dem sie mehr als dreißig Jahre mit meiner Tante Rosalind und meiner Cousine Mikaela gelebt hatte. Und natürlich mit meinem Opa, bis er mit 74 Jahren starb. Das war, als ich zwölf Jahre alt war.

Die Erinnerungen an ihn sind etwas verschwommen. Ich habe kaum gemeinsame Erlebnisse mit ihm, weil er an Alzheimer litt.

Als ich jünger war, konnte er sich zwar noch durchs Haus bewegen, aber die Krankheit war schon so weit fortgeschritten, dass er nicht mehr reden konnte. In seinen letzten Lebensjahren war er dann ans Bett gefesselt.

»Erkennt mich Grandpa überhaupt?«, fragte ich hin und wieder meine Oma. Sie erwiderte: »Natürlich, mein Schatz, er genießt es sehr, dass du da bist.«

Grandmas Haus ist winzig. Mit dem Begriff »Tiny House« beschreibt man es wohl am besten. Wie klein die Räume wirklich waren, ist mir erst aufgefallen, als ich das erste Mal mit Abstand als Erwachsene zu Besuch kam. Ein komisches Gefühl, denn als Kind war dieses Haus mein ganzes Universum gewesen.

Es gibt zwei Wohnzimmer, eine Küche, drei Schlafzimmer – alles in XS, Extrasmall, sozusagen. Wenn man vorne durch die

Tür reinkommt, sieht man schon die Rückwand des Hauses mit dem Ausgang.

Dazu gibt es »nur« ein Badezimmer. Häuser in den USA haben oft zwei oder drei Badezimmer, ihr Wert bemisst sich nämlich an der Anzahl der Bäder. Je mehr man davon hat, desto teurer könnte man eine Immobilie verkaufen.

Nun, dafür war es bei meiner Grandma supergemütlich. Deswegen haben wir uns immer dort getroffen.

Die meisten Familienangehörigen lebten ganz in Grandmas Nähe, fußläufig, was etwas heißen mag in einer Stadt mit rund 200.000 Einwohnern.

Selbst, wenn man zum Studieren oder für einen Job weggezogen war – alle aus der Familie und auch unsere Freunde zog es stets in ihre Nähe.

Meine Grandma sprach einen einfach an, obwohl sie tatsächlich gar nicht allzu gesprächig war. Sie hatte so eine ganz besondere Aura und schaffte es auf ihre spezielle Weise, dass man sich zu ihr hingezogen fühlte. Ich kann nicht sagen, dass sie ihre Gefühle, ihr Inneres, groß nach außen gekehrt hat, aber ihr ganzes Wesen signalisierte: »Ich interessiere mich für dich, ich will wissen, wie es dir geht, und ich kümmere mich um dich und du bekommst auch etwas.«

Deswegen schauten wir alle immer gern nach ihr, angekündigt oder spontan, wohl weil wir uns nach ihrer warmen Dusche der Geborgenheit sehnten.

Ein paar Minuten genügten, bevor wir uns wieder auf den Weg machten, in die Stadt, zur Schule oder Arbeit, zur Universität oder in die Ferien fuhren – wir gingen geschwind bei Oma vorbei, sagten »hallo«, hielten ein kurzes Schwätzchen und liefen weiter. Manchmal waren wir auch nur bei ihr, um einen schnellen Rat einzuholen.

Und selbstverständlich war ihre Bleibe der Mittelpunkt für sämtliche Festivitäten wie Geburtstage und bedeutende Feiertage wie das Erntedankfest, Weihnachten oder der amerikanische Unabhängigkeitstag am 4. Juli.

Das Haus meiner Oma war also eine wichtige Anlaufstelle für meine Familie. Allen voran aber für mich.

Das fing damit an, dass ich bei ihr wohnte, wenn ich mal wieder operiert worden war oder krank, damit meine Mutter arbeiten konnte. Aber auch, als meine Eltern sich trennten, floh ich vor den Streitereien zu meiner Grandma. Ich war vier.

Eine schwere Zeit, denn ich hing natürlich sehr an beiden und konnte nicht verstehen, dass sie sich nicht mehr liebhatten. Mein Bruder und ich lebten nach der Scheidung bei meiner Mutter. Zum Glück konnte ich meinen Vater trotzdem fast jeden Tag sehen.

Auch die meisten meiner Wochenenden verbrachte ich bei Grandma. Ich liebte daran vor allem die Sonntage. Wenn Tante Rosalind mir meine Haare machte, ich mir ein Sonntagskleid anzog, wir gemeinsam in die Kirche gingen, um anschließend Hühnchen mit duftendem Maisbrot zu essen. Mir gefiel das alles. Das Singen und Tanzen in der Kirche und selbst die Predigten. Ich hätte aber auch gar keine andere Wahl gehabt, als mit Grandma in die Kirche zu gehen.

»Da ist es noch schöner als bei mir daheim«, pflegte sie zu sagen.

Grandma war sehr von ihrem Glauben bestimmt gewesen, er beeinflusste, wie sie sprach und sie ihr Leben lebte. Sie war stark eingebunden in ihrer Gemeinde als Lehrerin der Sonntagsschule oder als erste Ansprechpartnerin für neue Mitglieder.

Das ging nicht spurlos an mir vorbei. Auch ich war eine gläubige Baptistin, als ich jung war. Jetzt, als erwachsene Frau, habe ich meinen eigenen Glauben. Ich gehe nicht in die Kirche oder engagiere mich in einer Gemeinde. Aber immer, wenn ich nach Hause in die Staaten kam, begleitete ich meine Oma bis zu ihrem Tod mit meiner Tante Rosalind weiter zu ihrer Baptistengemeinde. Mit ihnen gemeinsam in der Kirche zu sein, gehörte zu der tiefen Verbindung, die wir hatten.

Manche Freundinnen fragten mich später, wenn ich ihnen davon erzählte, wie viel Zeit ich bei meiner Oma verbracht hätte: »Fandest du es nicht langweilig, immer bei deiner Oma gewesen zu sein?«

Ich muss dann schmunzeln, denn ich möchte keine Minute missen wollen. Ich fand es nie langweilig – selbst wenn wir für Kinder langweilige Sachen machten, wie etwa Seifenoper schauen. Die lief jeden Tag um 13 Uhr im Fernsehen. »One Life to Live« hieß sie und war so schnulzig, dramatisch und vorherschaubar, wie es nur Soaps sein konnten.

Meine Oma liebte die Serie, die von 1968 bis 2011 ausgestrahlt wurde, und von der es mehr als 11.000 Episoden gab. Ich saß dann, wenn ich mal früher Schluss hatte, mit meiner Grandma auf ihrem Sofa und tauchte genauso intensiv und tief ein wie sie.

Solche Momente haben uns verbunden, wie ein unsichtbares Band, auch wenn wir nur still und andächtig nebeneinander auf der Couch hockten.

Vielleicht kam es durch die Vorliebe für Soap-Serien, jedenfalls liebte meine Grandma Klatsch, also »Gossip«. Sie saß nur allzu gern in ihrem Wohnzimmer vor dem großen Fenster und schaute nach draußen auf die Straße, in der Hand das Telefon, und tratschte mit ihren Nachbarn.

Sie erzählten sich die neuesten Nachrichten aus dem Viertel, dass dieser und jene weggezogen sei, dass Frau Sowieso mit

Herrn Sowieso angebändelt hätte und der eine Nachbar nun einen neuen Hund habe, der ständig bellt und an den Gartenzaun pinkelt – lauter solche Dinge.

Meine Oma war stets bestens informiert, was in ihrer Nähe passierte. Sie und ihre Freundinnen fanden alles spannend.

Ich hörte ihr oft beim Telefonieren zu, wunderte mich über ihre laute, herzliche Lache und amüsierte mich köstlich über die präzisen Beobachtungen und die kleinen pointierten Sticheleien, die sie von sich gab.

Eine ganz konträre Seite von der Frau, die sonst eher schweigsam war und mit wenigen Worten auskam.

Eine weitere Leidenschaft meiner Grandma bestand darin, im Second-Hand-Laden um die Ecke einzukaufen. Schrott nannte meine Tante das, was es dort gab. Oma indes fand alle gebrauchten Sachen, die sie erwarb, für irgendjemanden nützlich. Wie etwa einen alten Kassettenrekorder. Sie machte sich große Gedanken darüber, welchem Enkelkind sie ihn geben sollte. »Kann ich das Frank schenken?«, fragte sie mich. Oma hatte eine besondere Vorliebe für batteriebetriebene Lampen und Radios – für den Fall, dass ein Sturm in Alabama den Strom kappte.

Ihre pragmatische Ader hatte sicher so einiges mit ihrer Kindheit zu tun, die hart und deprimierend gewesen war.

Sie wurde 1936 im Süden der USA geboren, zu dieser Zeit traf uns Afro-Amerikaner die Rassentrennung noch mit voller Wucht. Obwohl schon seit dem Ende des Amerikanischen Bürgerkriegs 1865 die Sklaverei in den Vereinigten Staaten abgeschafft worden war und Bürgerrechte für alle Menschen definiert waren, erlebten die Generationen bis hin zu der meiner Grandma die systematische Benachteiligung noch immer Tag für Tag – begünstigt durch rassistische Gesetze und Institutionen.

So hatte der Supreme Court, der höchste Gerichtshof der USA, im Jahr 1896 die Rassentrennung (racial segregation) weiterhin für zulässig erklärt. Schwarze und Weiße konnten nach dem Prinzip »getrennt, aber gleich« (separate but equal) gesetzlich dazu verpflichtet werden, verschiedene Schulen zu besuchen. Das war keine Ausnahme – im Alltag war die Trennung eher die Regel.

Meine Oma und die anderen saßen in eigenen Bussen oder Zügen, sie mussten andere Krankenhäuser aufsuchen oder bestimmte öffentliche Toiletten benutzen – es gab damals selbst Hotels oder Arztpraxen nur für die Schwarzen.

»Halb so schlimm, Krystal. Es war halt so«, sagte sie fast entschuldigend, wenn ich sie entsetzt nach dieser für mich zum Glück unverständlichen Vergangenheit fragte.

Birmingham war übrigens besonders übel von dieser Trennung betroffen, weswegen die Stadt in den 1960er-Jahren der Ausganspunkt für die Bürgerrechtsbewegung »Civil Rights Movement« rund um Martin Luther King war, die gegen die Unterdrückung lautstark und mutig aufbegehrte.

Ich verneige mich vor meiner Oma, dass sie zu diesen schwierigen Zeiten fünf Kinder großzog. Für mich ist sie noch immer die stärkste Frau, die ich kenne.

Grandma arbeitete als Krankenpflegerin – bis zu dem Tag, an dem ich geboren wurde. Für mich gab sie den Job auf, um sich um mich zu kümmern und mich zu pflegen, wie immer mit der für sie typischen Hingabe. Dass sich Grandma um mich besonders sorgte, hatte neben meinem schweren Start ins Leben sicher auch damit zu tun, dass ich ihr jüngstes Enkelkind war, bevor später die Urenkel ins Leben geschubst wurden.

»Du bist wirklich unglaublich«, sagte ich ihr einmal voller Dankbarkeit. Sie entgegnete nur: »Hör' auf damit.«

Ich rechne es ihr unglaublich hoch an, wie sehr sie sich meiner angenommen hat. Sie war allerdings nicht nur einfach meine Babysitterin – Grandma war mein Licht, das mir den Weg in meinem Leben erhellte. Sie schenkte mir ihre ganze Aufmerksamkeit, ihre Liebe, ihre Hingabe. Ich kann mich nicht an viele Momente erinnern, in denen sie sagte, dass sie mich liebt oder mich in den Arm nahm. Aber ich wusste einfach, dass sie für mich da war.

Das wertvollste Geschenk, das sie mir wohl machte, war, dass sie mir dabei half, mich normal zu fühlen und für mich selbst einzustehen.

Ihr war bewusst, dass ich ob meiner zahlreichen Operationen und meiner Geburtsfehler immer anders sein würde als alle anderen. Aber sie versuchte gar nicht erst, im Gegensatz zu meinen Eltern, mich vom Sport, Rennen und Springen abzuhalten – auch wenn sie sich um mich sorgte und sagte, ich solle vorsichtig sein.

Später habe ich mitbekommen, wie Grandma häufig Videos von mir anschaute, in denen ich, noch kleines Kind, tanzte oder spielte. Es waren ihre Lieblingsfilme – bis zu ihrem Tod.

Auch ihr unerschöpflicher Optimismus war ansteckend. Er half mir über die schweren und dunklen Phasen hinweg, die ich hatte und in denen ich sehr gehadert habe mit mir und der Welt da draußen. Ich war beispielsweise fünf, sechs Jahre alt und weinte, weil ich noch immer inkontinent war, da sagte meine Oma mit einer Zuversicht, die keine Widerrede duldete: »Krystal, du kannst das auch, was die anderen Kinder können.«

Ich weiß nicht, ob sie mich beruhigen wollte oder ob sie tatsächlich die gleiche Hoffnung in sich trug, wie ich es durch ihre Aufmunterung tat. Aber ich glaubte ihr, wenn sie sagte: »Das wird schon, ich bin überzeugt davon.«

Meine Oma hat mich in jedem Fall geprägt. Vieles von dem, was mich ausmacht, habe ich von ihr. Sie hat mich zu der selbstbewussten, unabhängigen, mutigen und optimistischen Frau gemacht, die ich heute bin. Irgendwann war ihre Zuversicht auch in meinem Kopf drin.

Was für ein Geschenk.

Manchmal probiere ich, das Maisbrot nachzubacken. Ich bekomme es aber nie so gut hin wie sie. Auch ihren unvergesslich leckeren Reis nicht. Jedes Mal, wenn ich es mal wieder probiere, denke ich: Warum gelingt mir das nicht so wie Oma?

Aber ich gebe nicht auf. Zumal ich gerne koche. Vor allem in Phasen, wenn ich deprimiert bin und es mir nicht gutgeht, wenn mir alles zu viel wird und mir zum Weinen zumute ist, dann gehe ich in die Küche.

Kochen hat für mich etwas Tröstliches, Meditatives. Es hilft mir dabei, meine emotionale Balance wiederzufinden und mich mit schönen Dingen von meinem Leid abzulenken. Ich quäle mich dann nicht länger mit der Frage, warum es ausgerechnet mich so heftig getroffen hat im Leben. Kochen berührt meine Seele, es hilft mir dabei, alles Schwere wieder leichter zu ertragen, mein Lächeln und meine mir eigene heitere Gelassenheit wiederzufinden.

Und natürlich erinnert es mich an meine Oma.

Wenn der Duft des Maisbrots sich in meiner Küche ausbreitet, sehe ich sie vor mir stehen, wie sie mich liebevoll, zuversichtlich, verschmitzt anschaut. »Krystal, komm, das Essen ist bald fertig«, höre ich sie dann sagen. Und ich setze mich und beiße vom Brot ab.

KAPITEL 4

OH, ES GIBT EIN LEBEN AUSSERHALB MEINER OMA

Mein erster Schultag begann in Omas Wohnzimmer.

Dort machte ich mich für meine allererste Unterrichtsstunde fertig – und wenn ich mich richtig erinnere, trug ich an diesem Tag ein schönes Kleid mit meinen besten Socken und tadellosen Schuhen. Oma und ich standen vor dem Spiegel und hielten den wunderbaren Moment mit Fotos fest.

»Du schaust wunderschön aus«, sagte sie zu mir und ich war stolz auf mich selbst.

Normalerweise mussten alle Schüler Schuluniform tragen, üblich waren weiße Hemden und marineblaue Hosen. Aber jeden Freitag, und meine Einschulung fiel auf diesen Tag, durften wir uns ganz individuell chic machen – wir Mädchen zogen uns in der Regel hinreißende Kleidchen an und die kleinen Jungs banden sich sogar eine Krawatte um.

Wie wohl jedes Kind hatte ich mich unfassbar darauf gefreut, endlich in die Schule gehen zu dürfen. Denn mit einem Ranzen auf dem Rücken, war man da nicht offiziell groß?!

Dabei war ich gerade einmal fünf Jahre alt, als ich in Birmingham auf die Elementary School kam, wie die Grundschule bei uns heißt. Sie beginnt in Alabama verpflichtend zunächst mit zwei Kindergartenjahren, dann folgt Schulunterricht – bis wir die Elementary School mit elf Jahren nach der fünften Klasse in Richtung Middle School verlassen.

Meine Elementary School war praktischerweise zwei, drei Gehminuten vom Haus meiner Großmutter entfernt. Man musste von ihr aus nur die Straße überqueren und noch einen Block weiterlaufen, schon stand man im Klassenzimmer.

In meiner ersten Woche hatte ich schon um zwölf Uhr mittags Schluss, aber in der Woche drauf sollten wir alle täglich bis zum Nachmittag bleiben.

Und genau ab dem Zeitpunkt plagten mich »plötzlich« Magenschmerzen, die zufällig immer zur Mittagszeit auftauchten. Wenn sich ein Kind unwohl oder krank fühlte, rief die Schule bei den Eltern an, um es abholen zu lassen. Da diese beide arbeiteten, kam dann mein Onkel Buck und brachte mich zu meiner Großmutter, die wie immer tagsüber auf mich aufpasste.

Frau Tucker, so hieß meine Erzieherin, ließ sich meine pünktlichen Bauchschmerzen ein paar Tage gefallen, dann nahm sie mich beiseite und sagte mir auf den Kopf zu: »Junge Dame, du bist okay. Du bleibst heute hier.«

Sie hatte durchschaut, dass ich die Schmerzen nur vortäuschte, weil ich schnell wieder nach Hause und nicht länger in der Schule bleiben wollte.

Im Nachhinein war natürlich klar, warum ich Theater spielte. Ich fühlte mich anfangs einsam, weil alle Mitschüler fremd für mich waren – und ich den Umgang mit anderen Kindern schlichtweg kaum kannte.

Bis dahin hatte ich nur wenig Kontakt zu Gleichaltrigen gehabt. Gelegentlich hatte ich mit den Kids von Freunden meiner Mom gespielt oder war in der Kirche auf andere Kinder getroffen, mit denen ich sofort wild herumtobte, wenn der Gottesdienst zu Ende war.

Aber das war die Ausnahme.

Meine Eltern waren einfach zu besorgt um mich gewesen und hatten mich bisher von anderen Kindern eher ferngehalten, damit mir nur nichts beim Herumtollen passieren würde und ich nicht gekränkt werden könnte.

Die ersten Wochen in der Grundschule waren deshalb trotz aller Vorfreude eine Art Schock für mich – ich wurde in eine Welt da draußen geschubst, die für mich bis dahin völlig unbekannt war. Die heile Welt, wie sie mir meine Eltern zu erschaffen versuchten, gab es nicht, im Gegenteil. Ich lernte, dass sich andere Kinder wild, lustig, laut – und ziemlich gemein verhalten können.

Obwohl Frau Tucker in der zweiten Woche meinen Schwindel schnell durchschaut hatte, erinnere ich mich gerne an sie.

Üblicherweise hatte jede Jahrgangsstufe zwei Lehrer, die je eine Klasse unterrichteten. Aber für die Jüngsten, die Kindergartenkinder, war Frau Tucker ganz allein zuständig. Sie war eine liebenswerte Frau, die sich hingebungsvoll um mich kümmerte, weil sie um meine medizinischen Probleme wusste und vielleicht sogar ahnte, dass mein Weg ein bisschen steiniger sein würde als der anderer Kinder.

Ihre Fürsorge konnte dennoch nicht verhindern, dass ich zunächst schlechte Erfahrungen sammelte und schwierige Phasen zu überstehen hatte.

Schon mit jedem Gang zur Toilette bot ich Kindern eine verbale Angriffsfläche. Ich hatte ein eigenes Klo, das ich lediglich mit einem älteren Jungen teilte, der ebenfalls ein klein wenig anders war. Behindert eben, wie das Schulamt meinte. Wir hatten in dieser Extra-Toilette jeweils eine Box mit unserem Namen darauf stehen. Darin befanden sich wichtige Utensilien, um uns medizinisch versorgen zu können.

Ich hatte dort Windeln, weil Wasserlassen für mich beschwerlich war und ich es manchmal nicht halten konnte. Im ersten Jahr trug ich auch noch den Kolostomiebeutel für den künstlichen Darmausgang, den ich hin und wieder austauschen musste.

Es gibt Menschen, die solchen Hilfsmitteln Namen geben, um es sich leichter zu machen und den Fremdkörper irgendwie als was Eigenes zu betrachten. Ich gehörte nicht dazu, für mich war dieses Ding immer nur ein Mittel zum Zweck.

Zum größten Teil akzeptierten meine Mitschülerinnen und Mitschüler, dass ich diesen eigenen Rückzugsraum hatte, in den ich gehen konnte, wann immer ich wollte, um auch Ruhe zu finden. Aber natürlich gab es Sprüche, die mich traurig oder wütend oder beides machten.

»Warum gehst du nicht mit uns aufs Klo? Hast du Angst?«, spotteten sie.

Oder: »Du bekommst von den Lehrern immer eine Extrabehandlung. Wie viel Geld hast du ihnen denn dafür gegeben?«

Es mag nichts übermäßig Dramatisches dabei gewesen sein, aber es blieb doch hängen, weil sich die Kommmentare ständig wiederholten. Die Sprüche waren wie kleine Pikser in meinem Herzen, denn in diesen Situationen wurde mir bewusst, dass ich mich von ihnen unterscheide und nicht so normal bin, wie ich es gern gewesen wäre und mir ständig einzureden versuchte.

Es half auch nicht, wenn Lehrer später vor der Klasse immer wieder betonten, dass ich eine Schülerin wie jede andere sei und sie die abwertenden Kommentare über mich – bitte schön – unterlassen sollten.

»Hört mal zu, Krystal ist eine von euch«, sagten sie. Diese Appelle führten eher zu gegenteiligen Reaktionen.

Genau deshalb werde ich mein Leben lang nicht die aufbauende und fürsorgliche Art von Frau Tucker vergessen. Eine empathische Lehrerin, wie sie es war, hätte ich mir auch in der Middle School gewünscht. Damals bin ich heftig von einem Jungen gemobbt worden – und ich musste alleine damit klarkommen. Aber dazu später mehr.

Frau Tucker jedenfalls sagte stets zu mir: »Du bist mein Mädchen.«

Das tat mir unheimlich gut, weil ich ihr glaubte und vertraute. Ich fühlte mich bei Frau Tucker sicher, geborgen und aufgehoben. Wir bauten ein sehr enges Verhältnis auf – das auch dann noch bestand, als ich schon älter und nicht mehr bei ihr in der Kindergartenstufe war. Wenn ich sie besuchte oder nur sah, überströmte mich ein kleines Glücksgefühl. Und umgekehrt hatte ich immer das Gefühl, dass auch sie Glück empfand, wenn sie mit mir zusammen war.

Sie nahm mich in ihre Obhut und ich dankte es ihr, indem ich ihr Vorzeigekind war.

Und das aus vollem Herzen: Ich machte schon im Kindergarten liebend gerne Schularbeiten, las und schrieb meine ersten Wörter und rechnete kleine Aufgaben.

Auch in der Grundschulzeit war ich eine sehr gute, wissbegierige Schülerin – das hatte sich unter den Lehrerinnen und Lehrern schnell herumgesprochen, die mich hilfsbereit, zugewandt und nachsichtig behandelten. Sie kannten meine Vorgeschichte und sorgten sich rührend um mich. Wohl aus dem Grund hielt ich mich so gut wie immer an alle Regeln. Außerdem wollte ich meine Eltern nicht noch unnötig mit Schulproblemen belasten, nachdem sie schon so viel mit mir durchgemacht hatten.

Ich kann mich nur an zwei Vorfälle erinnern, in denen ich mich mal nicht »regelkonform« verhielt und aneckte. Das eine Mal bekam ich dafür sogar richtig großen Ärger, weil ich mit einer Freundin ein unsinniges Spiel spielte, das wir beide aber sehr mochten. Wir drückten uns so stark an unseren Händen, bis eine weinte. Und in diesem Fall war es meine Freundin. Ich verlor daraufhin alle Strohhalme. Was bei unserem Bestrafungssystem in der Grundschule so etwas wie die Höchststrafe war. Jeder von uns in der Klasse hatte eine bestimmte Anzahl von Strohhalmen, so nannten wir sie jedenfalls, die wir in die Wand steckten. Und wenn sich jemand von uns danebenbenahm oder etwas Blödes machte, mussten wir einen Strohhalm herausziehen. Ich hatte bis zu diesem Vorfall keinen einzigen Strohhalm verloren. Und nun nahm man mir wegen der Blödelei mit meiner Freundin alle auf einen Schlag.

Ich empfand das als höchst ungerecht und die Strafe als unverhältnismäßig, weil zu allem Überfluss auch meine Eltern davon erfuhren. Meine Mom und mein Dad trugen es aber mit Fassung.

Genauso meine Lehrerin bei der zweiten Geschichte, als ich für eine Freundin log, weil ich diese decken wollte, als sie beim Abschreiben erwischt worden war. Die Lehrerin durchschaute meine erfundene Geschichte rasch, ich hatte vor schlechtem Gewissen geweint und mich nur aus Loyalität zu meiner Freundin zur Lüge durchgerungen. Ich wollte meinen Ruf als Musterschülerin und Liebling der Lehrer nicht unnötig aufs Spiel setzen.

Körperliche Einschränkungen hatte ich zum Glück während meiner Zeit auf der Elementary School nur wenige, mir ging es gesundheitlich gut. Es standen nur kleinere Operationen an, die meistens in den Sommermonaten vorgenommen wurden, sodass meine Mitschüler davon nur wenig bis gar nichts mitbekamen.

Nach dem Kindergarten benötigte ich nicht mal mehr den Kolostomiebeutel, die Ärzte hatten diesen durch einen kleinen Eingriff ersetzt. Auf meine private Toilette war ich aber weiter angewiesen, da ich noch Probleme mit dem Wasserlassen hatte.

Das war ganz nach meinem Geschmack, denn ich sehnte mich nur nach einer einzigen Sache: Dass man mich als ganz gewöhnliches Mädchen ansieht. Mein Gesundheitszustand sollte mein Geheimnis sein. Mit welchen Handicaps ich zur Welt gekommen war, welch gesundheitliche Odyssee ich hinter mir hatte, das ging niemanden etwas an. Und ich fand, dass das auch ganz gut klappte nach den anfänglichen Hänseleien, die irgendwann aufgehört hatten: Gehen und Laufen, sich selbstverständlich bewegen, so wie alle anderen, konnte ich prima. Das lag vor allem daran, dass ich schon so früh an Rücken und beiden Hüften operiert worden war. Ich hatte damals lediglich kurze Metalldrähte und Stifte in meinen Beinen, die meine Hüften stabilisierten. In der Rückbetrachtung denke ich allerdings, dass ich mir schon ein bisschen was vorgemacht habe, weil ich manchmal ganz deutlich humpelte. Mein linkes Bein ist etwas länger als mein rechtes.

Aber gleichzeitig war ich so etwas wie eine Meisterin im Verbergen: Dass mich hin und wieder Rückenschmerzen plagten, vermutlich Folgeerscheinungen irgendeiner der zahlreichen Operationen, ließ ich mir einfach nicht anmerken. Einzig mein »Oma-Koffer« mag darauf hingewiesen haben. Diesen rollenden Rucksack hatte ich meinen Eltern zu verdanken, weil ich so gerne las und immer einen Haufen Bücher mit mir herumschleppte. Er war praktisch, aber uncool. Die meisten Kinder kannten mich jedoch als Bücherwurm und sahen den Omi-Koffer eben als schlüssige Begründung – zumindest glaube ich das.

Nur zwei-, dreimal bekamen die anderen eine Ahnung davon, was wirklich mit mir war.

Das erste Mal kurz vor den Sommerferien, ich war in der zweiten Klasse und sieben Jahre alt. An diesem Tag sollten wir die Ehrungen erhalten. Das waren Auszeichnungen, die immer am Ende eines Schuljahres verteilt wurden – zum Beispiel für die besten Schülerinnen und Schüler im Lesen, in der Mathematik, in Mitarbeit, Verhalten oder für die wenigsten Fehltage. Die Ausgezeichneten empfingen ihre Urkunden in der Kirche, die ich häufiger mit meiner Oma und meiner Tante besuchte.

Ich erinnere mich daran, dass ich mich an diesem Tag nicht gut fühlte. Zunächst bemerkte es niemand, weil ich mir partout nichts anmerken ließ. Mein Bauch war ziemlich aufgebläht und ich hatte leichte Bauchschmerzen. Das kam tatsächlich ab und zu vor, war also kein Warnzeichen. Und vielleicht war ich einfach nur aufgeregt?

Wir standen alle in der Kirche und warteten auf den Beginn der Zeremonie, als es mir immer schlechter ging. Die Magenschmerzen wurden so unerträglich, dass ich mich auf eine Kirchenbank legen musste. Ich erinnere mich aber nur an einen einzigen Moment, in dem ich laut schrie, weil ich die Schmerzen nicht mehr aushielt. Nicht einmal groß geweint habe ich. Stattdessen krümmte ich mich in meinem schönen Kleidchen zusammen wie ein Fötus im Mutterbauch.

Meine Mitschüler sagten besorgt meiner Lehrerin Bescheid. Diese wunderte sich ein wenig über meinen Zusammenbruch, da es mir ja bis dahin gut gegangen war.

»Was hast du denn?«, fragte sie, aber ich konnte nicht einmal mehr sprechen, so schlecht ging es mir, und da reagierte sie schnell. Sie rief meine Mutter an, die mich schließlich ins Krankenhaus brachte. Die Ärzte dort konnten mir rasch helfen, indem sie den starken Druck in meinem Magen-Darm-Trakt verringerten, der die Schmerzen verursacht hatte. Meine Auszeichnungen für die beste Leserin und für mein vorbildliches Verhalten überreichte meine Lehrerin mir dann im Nachhinein.

Später im Sommer hatte ich eine kleine ambulante Operation, um ein paar Dinge in Magen und Darm zu glätten. Als ich nach dem Eingriff nach Hause kam, übernachteten gerade Freunde bei meinem Bruder. Die waren plötzlich alle lieb und gingen ganz behutsam mit mir um – sie wussten also Bescheid, was ich gar nicht gut fand. Ich war besondere Fürsorglichkeit und Zuneigung von ihnen nicht gewohnt, normalerweise spielten sie grob und rabiat mit mir, weil sie mich als ein Kind wie jedes andere betrachteten. Und das mochte ich genau so.

Die Schmerzen, die ich damals in der Kirche hatte, sind nichts gegen die Schmerzen, die ich bis heute hin und wieder bekomme, ohne dass ich gleich weiß, was los ist. Ich brauche dann eine Weile, um das Ausmaß selbst verstehen und einordnen zu können. Die Schwelle, ab der ich Schmerzen verspüre und sie nicht mehr erträglich sind, sodass ich einen Arzt aufsuchen muss, ist sehr hoch – vermutlich weit höher als bei den meisten Menschen.

Als Kind habe ich gelernt zu vertrauen: Ich wusste, dass alles wieder gut wird, wenn ich ins Krankenhaus gehe und meine Ärzte, denen ich mein Leben zu verdanken habe, ihre Arbeit tun mit derselben Präzision, wie ich Volleybälle übers Netz auf die gegnerische Seite schmettere.

Aber man kann noch so gut sein im Verbergen, wenn man am Ende doch verraten wird.

Meine Freundin Britney war die Erste, der ich mich anvertraut hatte und von meiner schweren Geburt erzählte. Ich klärte sie und ihre Eltern über alles auf. Als ich an ihrem Geburtstag bei ihr schlief, bat ich Britney, mich bei manchen Dingen zu unterstützen. »Klar«, sagte sie damals. Und fügte hinzu: »Natürlich erzähle ich niemandem davon.«

Von wegen. Dieses Versprechen brach sie und erzählte es vielen anderen in der Schule.

»Warum hast du das getan?«, fragte ich sie verzweifelt.

Sie lachte nur verächtlich. Ich sprach nie wieder ein Wort mit ihr.

Rückblickend kann man das albern finden und als typisches Mädchenverhalten abtun, aber für mich war es ein riesiger Vertrauensbruch. Sie hatte mir die Deutungshoheit über mein Leben genommen, etwas, das ich bis dahin so gut hinbekommen hatte.

Die Episode mit Britney hielt mich zum Glück nicht dauerhaft davon ab, weiter vertrauensvolle Freundschaften einzugehen.

Mir waren soziale Beziehungen unheimlich wichtig geworden, ich genoss dieses innige Miteinander.

Nach einer Zeit, in der meine Eltern mich in Watte gepackt hatten, sog ich es auf, Gleichaltrige um mich zu haben. Ich erfuhr, wie wertvoll und erfüllend es war, Freundinnen zu haben, mit denen ich mich traf und einfach unbeschwert über Themen reden, lachen, tratschen konnte.

In der vierten Klasse wurde neben Freundschaften der Sport immer wichtiger für mich. Obwohl ich immer wieder Rückenschmerzen hatte, trieb ich fast obsessiv Sport.

In der Elementary School hatte ich seit der ersten Klasse einen speziellen Trainer, einen PEC. Die Abkürzung steht für Physical Education Coach. Das war eine Art Lehrer, der uns Schüler in verschiedene Sportarten theoretisch und praktisch einführte – vom Bowling über Baseball und Basketball bis hin zum Fußball. In den USA ist die sportliche Ausbildung genauso wichtig wie die akademische. Das ist anders als in Deutschland, wo die Schule über allem steht.

Mein PEC war sehr gut, ich besuchte seine Klassen supergern und wollte unbedingt in allen Sportarten so gut sein wie mein Bruder Frank, der auf derselben Schule war wie ich, allerdings zwei Klassen über mir. Er war einfach mein großes Vorbild und arbeitet heute selbst als PEC. Und dann war da noch ein Mädchen, ein Jahr älter als ich, das ich ebenfalls bewunderte für ihre Sportlichkeit und dafür, dass sie super Fußball spielte. Ich wollte das auch unbedingt können und versuchte, ihr nachzueifern.

In der vierten Klasse schloss ich mich deshalb einer »echten« Mannschaft im Fuß- und Softball an. Leider monierte das zuständige Schulamt auf einmal, dass wir zu jung für eine Mannschaft seien. Die Regeln, sagte es, sahen vor, dass Grundschüler wie ich noch nicht in einem Team spielen durften. Ich konnte zwar im Sportunterricht weiter beim Fuß- und Softball mitmischen, aber ein richtiger Wettbewerb, Turniere oder ein Punktspiel, in dem es um Sieg oder Niederlage ging, fehlte mir sehr. Ich liebte es, mich mit anderen zu messen und sie herauszufordern.

Also probierte ich mein Wettbewerbsglück beim Laufen. Mein Bruder Frank hielt den inoffiziellen Rekord an unserer Schule über eine Meile, was ungefähr 1,6 Kilometer sind. Ich wollte ihn unbedingt brechen, auch wenn das im ersten Moment recht utopisch klang.

»Wie willst du ihn denn übertrumpfen?« fragten mich viele, als ich herausposaunte, dass ich schneller laufen wollte als Frank. Vor allem diejenigen, die nun doch im Laufe der Zeit wussten, dass ich mit körperlichen Defekten auf die Welt gekommen war.

Mich demotivierte das nicht, sondern stachelte mich eher an. Ich trainierte noch härter und so lange, bis ich die Zeit meines Bruders tatsächlich unterbot.

Frank war beeindruckt und sagte: »Schwesterherz, ich gönne es niemandem mehr als dir.«

Das machte mich stolz. Und ich erzählte anschließend allen davon – auch den Leuten, die es nicht interessierte.

Dass mir das gelungen war, war eine große Sache für mich und zeigte mir, dass ich körperlich keinerlei Grenzen habe. Ganz egal, wie die Prognosen der Ärzte stets ausgefallen waren.

Für mich galten die vorherrschenden medizinischen Gesetzmäßigkeiten nicht.

Ich war aufgewachsen mit den Geschichten, die mir meine Eltern erzählten – die, als die Ärzte ihnen über mich als Einjährige sagten: »Krystal wird vermutlich nie laufen können.« Gleich gefolgt von der Anekdote, wie ich wenige Jahre später die Mediziner auf den Flur bat für eine kleine Vorführung, um dort Räder zu schlagen. Um ihnen zu beweisen, dass sie sich getäuscht hatten, gewaltig irrten sogar.

»Ich kann sogar mehr als Laufen, ich kann Turnen«, sagte ich zu den Docs.

Und so blieb es: Ich wollte immer die düsteren Prophezeiungen der Ärzte widerlegen, die dieses und jenes zu meinen sportlichen Aussichten andeuteten.

Sie sagten, ich werde niemals laufen können, also beschloss ich zu springen – so hoch es geht. Schon als Kind wusste ich, dass mich nie jemand wird aufhalten können – ganz egal ob im Sport oder in der Schule. Ich wollte immer die Beste sein, die Schlauste, die Sprunggewaltigste. Der Wunsch, vorne mitzumischen und Höchstleistungen zu erbringen, hat mein Leben geprägt. Meinen Willen, meine Zuversicht, meine Kraft, meinen Kampf.

Wenn ich heute auf diese Zeit zurückblicke, bin ich doch selbst verblüfft darüber, wie ich das alles hinbekommen habe und so die Grundlagen für meine spätere Karriere als Profisportlerin legen konnte.

Klar, einerseits hatte ich diesen Willen, den inneren Antrieb, es allen zeigen zu wollen, dass ich ein normales Kind bin – keines, das fast bei der Geburt gestorben wäre.

Andererseits war ich auf die Kunst meiner Ärzte angewiesen. Ohne sie und ihre erfolgreichen Operationen hätte ich solche Höchstleistungen nie vollbringen können. Sie haben mich wieder so hergestellt, dass ich meine Leidenschaft ausleben konnte.

Aber es war sicher gut, dass ich als junges Kind nicht allzu viel darüber nachgrübelte. Sondern stets zu mir gesagt habe: Ich kann alles erreichen, wenn ich nur fest daran glaube und hart dafür arbeite und trainiere.

KAPITEL 5

DIE WELT DER BÜCHER HAT MICH GERETTET

Der Titel meines ersten Lieblingsbuches ist mir entfallen. Ich hatte es mit etwa fünf Jahren von meiner Tante Rosalind geschenkt bekommen. Es war ein Anatomiebuch aus Pappe für Jungen und Mädchen. Vorne auf dem Cover war der menschliche Körper abgebildet. Drinnen gab es kurze Beschreibungen zu den verschiedenen Organen und Körperteilen.

Ich hatte schon vorher Bücher vorgelesen bekommen, aber dieses prägte mich nachhaltig, weil es das erste war, das meinen Wissensdurst stillte.

Ich kann mich noch ganz genau an einzelne Seiten und ihre Texte und Bilder erinnern. Wie sie den anatomischen Aufbau des Körpers und wie er funktioniert erklärten. Später auf der High School wollte ich sogar zunächst Ärztin werden – keine kinderhafte Träumerei, es war tatsächlich ein konkreter Berufswunsch.

Daraus ist zwar nichts geworden, aber bis heute interessiere ich mich außerordentlich für Medizin und die Anatomie des Menschen, den Funktionsweisen von Organen und Gliedmaßen mit allen Stärken und Schwächen.

Das kommt natürlich nicht nur durch das Buch einer Fünfjährigen: Mit meinen Krankheitsgeschichten könnte man ganze Medizinvorlesungen über mehrere Semester hinweg füllen. Ich habe so viel mit Ärzten zu tun und verbrachte zahlreiche Tage im Krankenhaus – da bleibt es nicht aus, dass man viel mitbekommt. Erst recht, wenn man selbstbestimmt bleiben möchte. Es ist nie verkehrt, den Ausführungen der Ärzte über den eigenen Körper folgen zu können, also zu wissen, wovon diese reden.

Jedenfalls habe ich das Buch sehr geliebt und immer wieder darin gelesen und geblättert – so oft, dass es schon nach wenigen Wochen aussah, als hätte es davor bereits zehn Kindern gehört. Es wäre schön, wenn ich wüsste, wo sich das Buch heute befindet. Aber ich fürchte, dass es weg ist. Meine Erinnerungsbox, die gepackt war mit Dingen, die mir besonders wichtig waren, wie meinen Teddys, Familienfotos, Tagebüchern und eben jenem Anatomiebuch, ist vermutlich einem der häufigen Umzüge zum Opfer gefallen.

Bücher hatten seitdem eine besondere Anziehungskraft auf mich. Ich lernte früh, wie nützlich sie sein konnten.

Als ich sieben Jahre alt war, schaute ich bei meiner Oma allein Fernsehen, es lief »One in One«, eine amerikanische Sitcom, die eigentlich nichts für mein Alter war.

Es ging um einen alleinerziehenden Vater und Breanna, seine Tochter im Teenageralter. In dieser Episode fand er in ihrem Zimmer eine Kiste mit Kondomen, während Breanna mit ihrer Schulklasse auf Reisen war. Er rastete aus.

Ich trottete daraufhin zu meiner Oma und Tante Rosalind und fragte die beiden nichts ahnend: »Könnt ihr mir erklären, was Kondome sind?«

Sie lachten überschwänglich und fühlten sich gleichzeitig ein wenig unwohl. Meine Grandma führte mich dann zu ihrem Bücherregal, in dem die Lexika, Enzyklopädien und Duden standen. Sogar ein deutsch-englisches Wörterbuch entdeckte ich, da meine Tante einst als Feuerwehrfrau bei der amerikanischen US-Air-Force in Ramstein bei Kaiserslautern gearbeitet hatte.

Ich hatte mir aus diesem Regal schon des Öfteren Bücher herausgegriffen, in ihnen geblättert und damit gespielt.

Nun aber drückte meine Oma mir ein Lexikon in die Hand und sagte: »Hier steht alles drin, Kind. Unter ›C‹ findest du das, was du suchst.«

Da ich schon einigermaßen flüssig lesen konnte, las ich mir die Definition allein durch. Ich verstand zwar nicht sonderlich viel, aber ich erahnte, warum sie so laut gelacht hatten und sich ein bisschen genierten.

Mal abgesehen davon, dass ich mir vielleicht gewünscht hätte, dass mir die beiden in kindgerechter Zusammenfassung erklärt hätten, was Kondome sind, wusste ich von dem Moment an, dass diese ganzen Bücher, die Duden und Lexika, dafür gemacht worden sind, Dinge nachzuschlagen, die man nicht kannte. Sie halfen mir vieles, ja, die ganze große Welt, besser zu verstehen. Alles Wissen stand in diesen Büchern, auf diesen unscheinbaren weißen Seiten mit den kleinen schwarzen Buchstaben.

Ich fand das atemberaubend.

Es eröffnete mir eine ganz neue Welt, denn ich löcherte meine Grandma und meine Eltern nur allzu oft mit Fragen, aber oftmals fiel es ihnen schwer, mir diese hinreichend zu beantworten und Zusammenhänge zu erklären.

Ab da bekam ich zu hören: »Schau selbst nach und lies dich schlau.« Irgendwann stellte ich keine Fragen mehr – sondern schaute gleich in Büchern nach, wenn ich etwas wissen und verstehen wollte.

In der Grundschule half mir mein angelesenes Wissen sogar, in ein Begabtenprogramm aufgenommen und schulisch besonders gefördert zu werden. Wir hatten in jedem Fach einige Tests pro Woche – und ich habe in diesen Übungsaufgaben immer sehr gut abgeschnitten, weil ich so viel wusste. In diesem Begabtenprogramm trafen wir uns zweimal die Woche an anderen Schulen der Stadt, um dort in Kleingruppen in den Genuss eines qualitativ hochwertigeren und herausfordernderen Unterrichts zu kommen.

Lesen gehörte damals zu meinem Leben wie heute der Sport. Ich verschlang die Bücher regelrecht und war so durstig und ausgetrocknet nach Wissen wie ein Wüstenwanderer nach einem Schluck Wasser.

In Lesewettbewerben erreichte ich ganz erstaunliche Ergebnisse. Einmal ging es um die Lesegeschwindigkeit und das Leseverständnis, also darum, wie gut man lesen und das Gelesene erfassen kann. Am Ende kam ich auf eine Punktzahl, mit der ich mit zehn Jahren schon auf die Universität hätte gehen können. Meine Lehrer staunten und fragten, wer denn mit mir so viel üben würde. Ich antwortete nur lapidar: »Das bringe ich mir alles selbst bei.«

Meine Bücher wurden meine treuen Begleiter – bei meiner Oma zu Hause oder im Bus morgens zur Schule, wenn ich mit meinem ungeliebten »Oma-Koffer« durch die Gegend rollte: Ich hatte immer ein Buch bei mir. Mir selbst kam es manchmal so vor, als wäre es an meinen Händen angewachsen wie ein elfter Finger. Menschen, die mich näher kennen, erzählen heute noch davon, dass sie mich ständig mit einer Lektüre erlebt und gesehen hätten. »Krystal ohne Bücher wäre wie Paris ohne Eifelturm«, sagten sie.

Meistens saß ich schweigend und für die Außenwelt irgendwie abwesend vor den beschriebenen Seiten und tauchte ein in Fantasiewelten. Nur für kurze Momente verließen meine Augen die Buchstaben und ich schaute zu den anderen Kindern und sprach mit ihnen – aber das kam nicht so häufig vor. Ich hörte oft nicht einmal, wenn jemand meinen Namen rief. Jeden Cent, den ich mir verdiente oder geschenkt bekam, sparte ich für das nächste Buch. Wenn es in der Schule einen Buchbasar gab, war ich die Erste, die dort war und etwas kaufte. Die Schüler und Lehrer freuten sich schon auf mich und sagten: »Du bist unsere beste Kundin.«

Für meine Leidenschaft machte ich Gelegenheitsjobs, half im Sportpark aus, wo mein Vater als Baseball- und Football-Trainer arbeitete, oder jobbte als Babysitterin für meine Tante. Als der siebte Band von Harry Potter erschien, stand ich mit ihr um Mitternacht vorm Laden, um eine Ausgabe zu kaufen, und ich schlief mit dem Buch auf dem Bett ein.

Die zauberhafte Welt der Bücher verbindet mich mit meiner Mom.

Leider habe ich zu ihr kein allzu inniges Verhältnis. Ich liebe sie und sie mich und wir telefonieren bis heute jeden Tag miteinander, aber wir dringen nie sehr tief in die Themen ein, die mich berühren oder gerade bewegen.

Sie ist sehr verschlossen, fast distanziert. Ich kann es mir nur so erklären, dass meine vielen gesundheitlichen Einschränkungen sie zu stark mitnehmen würden, ließe sie sie an sich heran. Es ist das typische Verhalten traumatisierter Personen, zu verdrängen, und ich denke, das ist genau das, was meine Mutter getan hat und bis heute tut. Ich kann es nachvollziehen, auch wenn es nicht immer einfach war und ist.

Die Liebe zu Büchern aber teilen wir. Als meine Mom erkannte, wie sehr mich Bücher faszinierten, nahm sie mich mehrmals die Woche mit in Bibliotheken, nachdem sie mich nach ihrer Arbeit bei Grandma abgeholt hatte.

Die Frauen und Männer, die in den Büchereien arbeiteten, kannten mich und meine Mama irgendwann so gut, dass sie für uns die frischesten Werke zurücklegten. Und obwohl wir so häufig dorthin gingen, freuten wir uns jedes Mal wieder aufs Neue darauf, weil wir das Schmökern so sehr liebten. Wir stöberten stundenlang zwischen den Gängen, lasen uns Klappentexte vor und wägten ab, was wir mitnehmen würden.

Auch wenn ich im Krankenhaus nach einer meiner zahlreichen Operationen im Bett lag, saß Mom im Stuhl nebenan – jede von uns hielt ein Buch in der Hand, in das wir vertieft waren.

So sah unsere Liebe zueinander aus. Bis heute gehören diese Momente zu den schönsten Erinnerungen mit meiner Mama.

Am liebsten las ich Geschichten über Kinder und Jugendliche, die ganz normal waren und Abenteuer erlebten. Wie in »Are your there God? It's me, Margaret«, »Bist du da, Gott? Ich bin es, Margaret«, ein amerikanischer Teenager-Bestseller von Judy Blume, einem meiner absoluten Lieblingsbücher. Dort werden die typischen Themen junger Mädchen behandelt wie die Peinlichkeiten beim Kauf des ersten Büstenhalters, das erste Mal seine Periode bekommen, der erste Kuss und dazu die Frage, welcher Religion man angehören möchte – wenn überhaupt.

Außenseiter-Geschichten reizten mich weniger, denn ich war ja selbst eine Außenseiterin. Ich wollte lieber erfahren, was die Kinder in ihrem Alltag durchmachen, die nicht krank waren.

Und mich reizten Bücher, die noch gar nicht für Kinder in meinem Alter gedacht waren. Solche über toxische Themen wie sexuellen Missbrauch oder Drogenkonsum. Ich wollte so viel wie möglich über das Leben anderer Leute und die Welt lernen. Unbewusst erfuhr ich so gleichzeitig viel über mich, über mein seelisches Wohlbefinden. Wenn die Bücher beispielsweise einen tieferen philosophischen, psychologischen und teilweise theologischen Hintergrund hatten. Es bleibt davon ja immer etwas hängen und so gelang es mir, das Leben und seine Herausforderungen besser meistern zu können. Zum Beispiel im Hier und Jetzt zu leben und die einfachen Dinge des Alltags wertzuschätzen, um glücklich zu sein. »Alles ist eins« hieß es einmal in einem Buch, an dessen Titel ich mich nicht mehr erinnere. Dieser Satz gefiel mir gut.

In meiner Schule war ich zwar die einzige mit Oma-Koffer, doch ich nahm an, dass ich nur eines von vielen Kindern war, die Bücher liebten und all das Wissen wie ich aus den ganz unterschiedlichen Genres, vom Lexikon bis zum Kinderroman, so intensiv aufsaugten, als wäre es ein lebenswichtiges Nahrungsmittel. Wir mussten schließlich alle in der Schule als Erstes Lesen und Schreiben lernen.

Dass ich mit meiner Vorliebe für Bücher eine Sonderstellung einnahm, realisierte ich so richtig erst an der Uni. Als ich dort mit 18 Jahren einen Kurs in Frauenforschung besuchte, ging es in der ersten Woche darum, wie privilegiert wir angeblich seien.

»Privilegiert? Ich? Wohl kaum!«, dachte ich. Schließlich war ich eine junge schwarze Frau aus ärmlichen Verhältnissen, aufgewachsen in Birmingham/Alabama. Zu essen hatte meine Familie zwar immer genug, auch ein ordentliches Dach über dem Kopf, trotzdem mussten meine Eltern finanziell immer kämpfen, um über die Runden zu kommen. Manchmal reichte das Geld nicht bis zum Monatsende, dann saßen wir buchstäblich im Dunkeln, weil der Strom abgedreht worden war.

Jetzt machte ich also diese Übung im Proseminar mit. Die Professorin stellte Fragen und wir durften immer einen Schritt nach vorne machen, wenn wir eine Frage mit »Ja« beantworten konnten – und mussten stehen bleiben, wenn wir sie verneinten.

Wir alle starteten gemeinsam auf einer Linie. Neben erwartbaren Fragen waren auch unkonventionelle, kreative und überraschende dabei. Die meisten von ihnen habe ich inzwischen vergessen. Aber so viel weiß ich noch: Es begann recht simpel mit: »Sind Männer privilegierter als Frauen?« Oder: »Sind weiße Menschen privilegierter als schwarze?« Da waren die Antworten eindeutig.

Die Professorin fragte immer mehr und wir kamen unterschiedlich schnell vorwärts.

»Wer hat Bücher von euch zu Hause?«, wollte sie irgendwann wissen.

»Komische Frage«, dachte ich mir zunächst, weil ich überzeugt war, dass alle gleichzeitig vorwärtsgehen. Bücher sind doch essenziell für Studierende. Ich machte einen Schritt nach vorne – kaum einer folgte mir. Da war ich sehr erstaunt, ja, schockiert, weil ich nie im Leben darüber nachgedacht hatte, dass es ein Privileg sein könnte, Bücher zu besitzen.

Ich wusste, dass mir Bücher sehr viel bedeuten und mir etwas Besonderes geben können, aber dass ich mich damit abheben würde von meinen Kommilitonen und in einer Sache sogar – im wahrsten Sinne des Wortes – vorangehen würde, hatte ich nicht erwartet. Wir hatten in diesem Kurs so grundlegend und tiefsinnig über Themen wie Sexismus und Rassismus debattiert, aber ausgerechnet bei einem eigentlich so profanen Thema wie Bücher war ich eine Ausnahmeerscheinung?!

Das beeindruckte mich, weil mir immer deutlicher bewusst wurde, dass mich die Lektüre all der verschiedenen Werke reich an Gedanken gemacht hatte: Ich wurde durch sie in meiner Persönlichkeitsentwicklung enorm bestärkt. Sie halfen mir, meine ganzen Probleme und die tiefen Täler zu bewältigen und durch sie hindurchgehen zu können.

Ich bin sogar fest davon überzeugt, dass Bücher mich davor gerettet haben, verrückt zu werden und möglicherweise stationär in einer psychiatrischen Klinik behandelt zu werden. Ich konnte mich durch all die Lektüren zu dem positiven und dem Leben zugewandten Menschen entwickeln, der ich heute bin. Das verstand ich aber erst richtig durch meine Therapeutin.

Als ich mit Anfang 20 nach meiner Krebserkrankung und meinen Angstzuständen und Panikattacken das erste Mal in meinem Leben bei einer Psychotherapeutin saß, war diese gleichermaßen fassungslos und verwundert, als sie hörte, dass ich angesichts meiner Vorgeschichte nie zuvor in psychotherapeutischer Behandlung gewesen war.

Sie fragte mich: »Wie hast du es geschafft, in all den Jahren ohne professionelle Hilfe nicht durchzudrehen?«

Ich zuckte mit den Schultern.

Ich wusste es selbst nicht genau.

Sie verstand schnell, dass mein Bewältigungsmechanismus meine Bücher gewesen waren:

»Du bist einfach regelmäßig in diese fiktionalen Welten geflohen, um deinen beschwerlichen Alltag hinter dir zu lassen«, sagte sie und das leuchtete natürlich ein. Ich hatte es ganz gut hinbekommen, es mir zwischen Realität und Fiktion bequem zu machen und mir ein Leben nahezu im emotionalen Gleichgewicht zu errichten, ohne an meinem Schicksal zu zerbrechen.

»Wow«, sagte die Therapeutin hin und wieder, wenn sie mir zuhörte. Sie war fasziniert von meiner Geschichte, weil ich so selbstverständlich darüber sprach und alles Erlebte irgendwie so verarbeiten konnte, als hätte ich ein Standardwerk der Psychologie auswendig gelernt. Oder alle ihre Ratschläge beherzigt, die sie mir ja nie gegeben hatte, weil ich vorher nie in ihrer Praxis gewesen war.

Tatsächlich war es so: Ich las und las. Alles, was ich in die Finger bekam – von George Orwells »1984« bis hin zu »Chickensoup for the Soul«, also »Hähnchensuppe für die Seele«. Das ist eine in Amerika berühmte, aber leicht kitschige Buch-Serie, in der es um Menschen in und mit Schwierigkeiten geht und wie sie damit umgehen. Diese Mischung aus Fiktion und Tatsachenbüchern, aus Anspruchsvollem und Trivialem, aus Pageturnern und Ratgebern waren meine Medizin, eine höchst wirksame – ohne Beipackzettel für Risiken und Nebenwirkungen.

Es passt also, dass ein weiteres Buch meine Liebe zum Tennis auslöste – und letztendlich sogar dafür »sorgte«, dass ich mit dem Volleyballspielen anfing. Ich war etwa zehn Jahre alt, als ich »Venus and Serena: Serving from the hip: 10 Rules for Living, Loving and Winning« in die Hände bekam.

Ich war sofort begeistert von den beiden Tennisspielerinnen, die auf 144 Seiten schilderten, wie sie es geschafft hatten, sich aus ärmsten Verhältnissen hochzuspielen und über viele Jahre das Tennis mit ihrer Wucht und Raffinesse in ihren Schlägen zu revolutionieren und zu dominieren wussten. Sie gewannen mehrmals alle großen Grand-Slam-Turniere in Melbourne, Paris, Wimbledon und New York, der Goldstandard des Tennissports – und gehören noch heute zu den erfolgreichsten Spielerinnen, die dieser Sport je hervorgebracht hat.

Von diesem Zeitpunkt an schaute ich mir jedes Tennisspiel an, das im Fernsehen gezeigt wurde. Es war auf einen Schlag mein Lieblingssport geworden und die Williams-Schwestern meine ersten großen Idole im Sport – natürlich auch deshalb, weil ich mich mit ihnen identifizieren konnte und weil sie so viel für uns Schwarze in den Staaten erreicht haben. Serena und Venus erleichterten uns den Zugang nicht nur zum Sport, sondern zur Gesellschaft allgemein: Sie machten auf eklatante Benachteiligungen im Alltag von Schwarzen aufmerksam und bewirkten so wesentliche Verbesserungen und eine lange ersehnte Anerkennung. Mittlerweile ist es zum Glück normal geworden, dass Afro-Amerikaner nicht nur erfolgreich Boxen oder Basketball spielen, sondern auch Tennis oder Golf und eben Volleyball.

Meine Eltern machten zunächst keine echten Anstalten, einen Sport für mich auszusuchen. Tennis schon gar nicht. »Ein Sport der Reichen«, kommentierten sie, »viel zu teuer.«

Ich aber wollte unbedingt Serena und Venus nacheifern. Mit 14 Jahren fing ich an der High School an, die ersten Filzbälle zu schlagen. Da Soft- oder Basketball mich nicht interessierten, was wiederum mein Vater bedauerte, machte ich Volleyball zu meiner zweiten Sportart neben Tennis, weil sie sich prima saisonal ergänzten. Von Februar bis April spielte ich Tennis und von August bis Oktober Volleyball. Ein weiterer Grund, warum ich mich für Volleyball entschied, war Megan Hodge, eine schwarze und sehr erfolgreiche Profi-Spielerin. Ich hatte eines Tages ein College-Spiel mit ihr gesehen.

Tennis war allerdings noch mein Nummer-eins-Sport. Erst, als mein Tennistrainer eines Tages aufhörte, drehte sich meine Leidenschaft und ich widmete mich fortan dem Volleyball.

Bücher spielen auch heute noch eine wichtige Rolle in meinem Leben, aber mein Pensum reicht nicht an das meiner Kinder- und Jugendjahre. Ich bin mittlerweile sehr ausgelastet mit meinem Beruf als Volleyball-Profi.

Aber ich versuche trotzdem, jeden Tag etwas zu lesen. Vor allem in den Sommermonaten, in der volleyballfreien Zeit, stelle ich mir eine spannende Bücherliste zusammen – von Belletristik über Soziologie-Fachbücher bis hin zu Gesundheitsratgebern.

Mein Lieblingsgenre ist inzwischen Urban Fantasy. Und in Stuttgart habe ich damit begonnen, Kurzgeschichten auf Deutsch zu lesen, »Short Stories in German« von Olly Richards und Alex Rawlings.

Ich denke, das ist die beste Methodik, um den Wortschatz in einer fremden Sprache zu erweitern. Mein großes Ziel ist es, dass ich die Sprache des Landes, in dem ich gerne lebe, so gut beherrsche, dass ich meine Geschichte ohne Hilfe, wie bei diesem Buch, auf Deutsch im Fernsehen und Radio erzählen kann.

Alles, was ich über das Leben weiß, habe ich aus den vielen Werken gelernt, die ich aufsog. Ich habe nie viel mit meiner Familie gesprochen, zumindest waren es keine Gespräche, die mir großartige Erkenntnisse beschert hätten – ihr Rat an mich war ja: »Schlag es selbst nach.« Ich bin deshalb meiner Tante Rosalind bis heute dankbar, dass sie mir damals das Anatomiebuch für Kinder kaufte. Ich stelle mir dann gerne vor, dass Tanten und Onkel ihren Nichten und Neffen überall auf der Welt Bücher schenken – und hoffe, dass es wirklich so ist. Aber bei wie vielen verändert ein Buch das Leben so grundlegend, wie es bei mir mit dem Anatomiebuch der Fall war?

Es war mein Tor zu der Welt, die mich glücklich macht und die mir auf mehreren Ebenen geholfen hat.

Ich kann wohl wirklich sagen: Ich bin ein privilegierter Mensch.

KAPITEL 6

EIN ZORNESAUSBRUCH MIT FOLGEN

Darius, diesen Namen werde ich wohl niemals vergessen. Er mobbte mich im ersten Jahr auf der Middle School, indem er alles, was ich tat, auf widerwärtige Art und Weise kommentierte. Meist richtete er seinen Spott nicht direkt an mich, sondern sagte es eher zu meinen Mitschülern, aber so laut, dass ich es hören musste. Beispiele gefällig? »Krystal trägt Windeln wie ein kleines Kind.«

Oder: »Krystal kann ohne Hilfe nicht aufs Klo gehen.«

Und: »Krystal läuft wie eine Ente.«

Da mein rechtes Bein länger ist als das linke, humpelte ich ganz leicht und mein Gang war und ist tatsächlich etwas speziell. In der Elementary School hatte ich mir noch eingeredet, dass das so unauffällig sei, dass es niemand bemerken würde. Wahrscheinlich hatten sich die Kinder nur einfach nichts draus gemacht – in der Middle School sah das anders aus. Dort amüsierten sich einige über meinen Laufstil, meist auf humorvolle Art und Weise. Aber Darius war gehässig. Er imitierte meinen Gang und übertrieb maßlos.

Seine fiesen Sprüche schlugen mir aufs Gemüt. Sie auszuhalten kostete mich unheimlich viel Kraft. Manchmal gelang es mir nicht.

Dabei hatte ich es kaum erwarten können, die weiterführende Schule, die sogenannte Middle School, zu besuchen. Wir verbringen die Schulklassen sechs bis acht dort. Typischerweise besucht man die Middle School, die am nächsten an der Wohnadresse im Stadtviertel liegt. Meine weiterführende Schule war allerdings ziemlich weit entfernt von meinem Zuhause, am anderen Ende von Birmingham. Meine Lehrer hatten sie meinen Eltern nahegelegt als die richtige Schule für mich, denn sie hatte den Ruf, vor allem begabte Kinder aufzunehmen und zu fördern. Ab sofort fuhr ich also, wie die meisten meiner neuen Mitschüler, mit dem Bus zu Schule. Alleine. Das genoss ich sehr, ich fühlte mich selbstständig und reif und nicht mehr wie ein kleines, schüchternes Mädchen. Ich war nun ein festes Mitglied der weiterführenden Schule geworden, wo die sehr viel cooleren Jugendlichen rumhingen, zu denen wir Grundschüler wenige Wochen zuvor ehrfürchtig aufgeschaut hatten.

Umso mehr traf mich die Enttäuschung, weil die neue Schule vor allem im ersten Jahr so ganz anders war, als ich es mir vorstellt hatte. Vor allen wegen Darius, aber nicht nur.

In meinen Büchern, die ich verschlungen hatte, um mich auf den neuen Lebensabschnitt vorzubereiten, wurde die Middle School romantisiert dargestellt und deshalb hatte ich sie mir in den schönsten Farben ausgemalt. Laut meiner Vorstellung sollte die Middle School im Grunde genommen eine einzige Wolke sieben sein, auf der man immerzu lächelnd durchs Jahr schwebte.

Zumindest stand das so in den Romanen, die ich gelesen hatte. Es würden Partys und Ballkleider auf mich zukommen. Jungs, die ich süß fände. Und Jungs, die mich süß fänden. Eine neue unbekannte Welt, in der Milch und Honig fließen, in der ich mit noch mehr Gleichaltrigen befreundet sein und mit ihnen wundervolle Dinge unternehmen und erleben würde.

In Wahrheit war sie trostlos.

In den ersten Tagen war ich noch ziemlich euphorisiert, weil sich zunächst scheinbar alles in die richtige Richtung entwickelte. Ich lernte im Bus die ersten Leute kennen, die später bei mir in der Klasse saßen. Was mir besonders gut gefiel, war, dass es keine festen Klassenverbände mehr gab, sondern wir zu jedem Fach in verschiedenen Gruppen zusammenkamen. Ich bekam obendrein meine erste eigene E-Mail-Adresse und sehnte schon herbei, die meiner Mitschüler zu erhalten, um mich mit ihnen zu connecten, wie man heute so schön sagt.

Doch der graue Alltag holte mich schnell ein. Das Schlimme war: Es lag zum größten Teil an mir selbst.

Meine medizinische Situation machte mir zu schaffen. Ich wusste nicht, wie ich damit umgehen sollte. Sollte ich meinen neuen Mitschülern vertrauen, mich ihnen gegenüber öffnen? Ich wollte offener mit meiner bewegenden Biografie umgehen, damit sie mich besser verstehen können, warum ich so war, wie ich war (und bin).

Aber ich schaffte es nicht. Zu schwer fiel es mir, freimütig darüber zu reden. Mein Zögern und Zaudern hielt mich von echter Nähe ab, ich war zurückhaltend, traute mich nicht, mit ihnen auf die ersten Partys zu gehen. Einen offensichtlichen Grund für mein Misstrauen gab es dabei gar nicht.

Es genügte, dass ich glaubte, voll im Blickfeld zu stehen. Und da stand ich, wie ich fand, alleine schon mit meiner persönlichen

Toilette, die diesmal sehr zentral lag, mittendrin im Flur bei den Räumen der Sechst-, Siebt- und Achtklässler. Im größten Gewusel unserer Schule. Und zu allem Übel hatte dafür jeder einen Schlüssel, weil wir alle die gleichen Räumlichkeiten nutzten. Jeder konnte also sehen, wann ich dorthin ging – und hätte rein theoretisch auch reinkommen können. Ganz anders als in der Grundschule, wo mein Rückzugsort versteckt in unmittelbarer Nähe zu den Toiletten der Lehrer lag.

Für mich ließ das alles nur einen Rückschluss zu. Meine Mitschüler mussten denken: »Krystal ist offenkundig ein Sonderling und bekommt eine Extrawurst.« Das Gefühl, dass ich möglicherweise so gesehen werden könnte, empfand ich als frustrierend.

Ich nahm mir jeden Morgen erneut vor, Spaß mit meinen Mitschülern zu haben, machte sogar erste Annäherungsversuche und setzte mich in der Mensa mit ihnen an den Tisch. Aber dann trat Darius in mein Leben.

Ein paar Wochen nach Schulbeginn hatte er mich ins Visier genommen. Er demütigte mich, wann immer sich ihm die Gelegenheit bot. Auch dann noch, als ich versuchte, ihm meine Geschichte zu erklären und sie mit ihm zu teilen – in der Hoffnung, dass er aufhörte, mich zu schikanieren. Es war ihm egal.

Er reagierte mit eisiger Gleichgültigkeit auf mein Gespräch.

Mit seinem Verhalten schaffte er es in nur wenigen Wochen, dass ich mich noch mehr zurückzog als ohnehin schon. Ich las noch mehr, um der Wirklichkeit zu entfliehen, um Frieden in meiner eigenen geschützten Welt zu finden.

Die Seelenqual führte dazu, dass ich mich wieder von den Freundinnen distanzierte, die ich gerade erst gefunden hatte. Ich reagierte bissig auf wohlmeinende Kommentare. Weil ich schlichtweg Angst davor hatte, dass sie vielleicht komisch auf mich reagieren könnten. Auch bei den neuen Lehrern hatte ich nicht das Gefühl, mich ihnen anvertrauen zu können. Sie gingen kaum auf meine besondere Situation ein. Mir fehlte ein sicherer Rückzugsort, so wie ich ihn bei Frau Tucker hatte.

Die mangelnde Rücksichtnahme führte einmal dazu, dass ich regelrecht zusammenbrach. Ausgerechnet Darius saß im Sozialkundeunterricht direkt neben mir und natürlich begann er wieder damit, sich über mich lustig zu machen.

»Warum gehst du nicht an eine andere Schule, wo es Behinderte wie dich gibt?«, sagte er. Ich versuchte erst, seine Sprüche zu ignorieren, aber es war zu viel. Ich blinzelte schon stark. Was ich immer machte, wenn ich angespannt war. Natürlich war das für jeden gut sichtbar und machte es nicht besser. Nach ein paar Minuten hielt ich es nicht mehr aus, ich schrie ihn mit voller Lautstärke an: »Hör endlich auf mit deinen blöden Kommentaren, du gemeiner Kerl.«

Zunächst herrschte gespannte Stille im Klassenzimmer – bis nach zwei, drei Sekunden die ersten Mitschüler zu lachen begannen. Über mich zu lachen begannen.

Ich stürmte aus dem Klassenzimmer, gefolgt von der Lehrerin. Ich hoffte, dass sie mir in diesem für mich demütigenden Moment helfen würde. Stattdessen fragte sie mich: »Was sollte das? Warum hast du ihn angeschrien? Was ist zwischen euch falsch gelaufen?«

Als ich ihre Fragen hörte, die mir meiner Meinung nach eine Mitschuld an seinem widerwärtigen Verhalten zu unterstellen schienen, brach ich auf dem Flur zusammen. Meine Gefühle überwältigten, ja, überforderten mich.

Es dauerte einige Minuten, bis ich mich einigermaßen gefangen hatte und der Lehrerin von meinen Nöten erzählen konnte. Dass Darius nicht mehr aufhörte, mich zu mobben. Dass ich nicht mehr länger damit umgehen könne und einfach nicht mehr wisse, was ich tun solle.

Sie entgegnete, dass ich mich jetzt erstmal wieder beruhigen solle.

»Geh bitte wieder rein, Krystal. Das wird schon«, sagte sie zu mir. Mehr Aufmunterung hatte sie nicht für mich parat.

Tatsächlich war danach aber etwas Ruhe. Keine Ahnung, ob die Lehrerin mit Darius gesprochen hatte, aber er hörte auf, mich zu hänseln und zu belästigen.

Allerdings nur für ein paar Wochen – dann begannen die bösen Tiraden wieder von vorne.

Zum Glück verließ Darius die Middle School nach der sechsten Klasse. Ich sah ihn erst wieder, als wir auf dieselbe High School kamen. »Na großartig«, dachte ich, als ich ihn dort entdeckte, »jetzt fängt das Mobbing wieder von vorne an.« Aber, oh Wunder, er ging mir aus dem Weg und wir sprachen nicht mehr miteinander.

Später bestätigte mir meine Psychologin, dass dieses Jahr in der sechsten Klasse der Auslöser für mein Blinzeln war. Das Mobbing hatte mir mit Vehemenz zugesetzt. Ein eindeutiges Zeichen dafür, dass etwas nicht stimmte, aber niemand hatte es damals zunächst zuordnen können.

Inzwischen weiß ich, dass neben meinen medizinischen Problemen ebenso meine Psyche der Auslöser für körperliche Symptome sein kann. Auch später, während meiner Angststörungen und meiner Panikattacken, habe ich immer wieder stark geblinzelt.

Irgendwie schwebte die Wolke sieben, die ich mir in der Middle School erträumt hatte, meistens ohne mich oder an mir vorbei. In der siebten Klasse fühlte ich mich unwohl, irgendwie alleingelassen, unverstanden. So konnte es jedenfalls nicht mehr weitergehen. Also versuchte ich im Laufe des Schuljahres, die Gemeinheiten einiger weniger Mitschüler – so gut es möglich war – nicht mehr an mich heranzulassen. Eine unsichtbare Mauer zwischen ihnen und mir zu errichten.

Es klingt seltsam, aber diese schlechten Erfahrungen ließen mich selbstbewusster und optimistischer werden. Ich machte mir viele Gedanken über mein Anderssein – das mich zugleich daran hinderte, mich mit Klassenkameraden außerhalb der Schule zu treffen. Mich spontan zu verabreden war fast ein Ding der Unmöglichkeit. Sie wohnten zu weit weg und vor allem ließ meine Blase das nicht zu. Sie gehorchte mir noch immer nicht. Ich spürte nicht jedes Mal, wenn ich Wasser lassen musste, brauchte deshalb größere Slipeinlagen oder Ersatzkleidung, die ich erst zusammenpacken musste. Immer einen Rucksack mit mir herumzutragen mit wichtigen Utensilien darin, war mir aber unangenehm und lästig. Gleichzeitig hatte ich Angst davor, ihnen alles erzählen zu müssen, Nähe zuzulassen. Wenn ich also etwas mit Freunden machte, dann fand es in der Schule statt.

Trotz all der Mauern, die ich hochgezogen hatte, sehnte ich mich nach Freunden. Wie glücklich war ich, dass ich dann in der achten Klasse endlich eine Handvoll Jugendliche kennenlernte, mit denen ich gern rumhing und die mich akzeptierten, wie ich war. Wir hatten jede Menge Spaß, quatschten über Gott und unsere kleine Welt, blödelten, lachten und hörten unsere Lieblingssongs wie »Hurt« von Christina Aguilera und viel Hip-Hop und R&B, zunächst mit CD- und MP3-Playern, später mit iPods. Wir wollten das Leben genießen und es uns gut gehen lassen, egal was falsch läuft oder sonst noch so passierte.

Und ich vernachlässigte erstmalig die Schule. Zumindest im Vergleich zu den Ansprüchen, die ich lange selbst an mich hatte.

Hausaufgaben? Machte ich nur noch wenig. Mir fehlte die Zeit dafür, ich wollte vor allem mit meinen Freunden zusammen sein. Und natürlich liebte ich weiter meine Bücher, ich las sehr viel, was die Zeit für die Schule ebenfalls reduzierte. Ich war keine schlechte Schülerin geworden, aber meine Zensuren wurden einfach durchschnittlicher.

Als es darum ging, mich nach meinen drei Jahren auf der Middle School für die High School zu bewerben, erkannte ich, dass ich durch meinen neuen Hang zur Nachlässigkeit die Möglichkeit eingebüßt hatte, an Spitzenschulen mit anspruchsvolleren Kursen gehen zu können. In den Standardtests hatte ich zwar weiter Höchstpunktzahlen. Aber um in eine ausgewählte und erstklassige Bildungsstätte aufgenommen zu werden, brauchte man beides: ein gutes Ergebnis in der Prüfung und beste Noten. Die hatte ich aber nicht mehr.

Mein Ziel, auf eine internationale High School zu gehen, war damit in unerreichbare Ferne gerückt. Ich musste mir also abschminken, das höherwertige, international anerkannte »International Baccalaureate Diploma« erwerben zu können und mir blieb nichts anderes übrig, als eine normale High School zu besuchen, für die ich den Test leicht bestand. War ich enttäuscht von mir selbst.

Dennoch waren die letzten beiden Jahre an der Middle School extrem wichtig für mich in meiner Entwicklung gewesen, speziell nach dem Vorfall in der sechsten Klasse mit Darius. Ich wollte mich nicht mehr so fühlen wie damals, so verloren und allein. Und zum Ende der Middle School hatte ich das ja auch geschafft.

Mich durchläuft ein wohliger Schauer, wenn ich mir meine alten Tagebücher anschaue, in die auch Freunde von mir manchmal schreiben durften. Da steht: »Krystal spricht alle an.« Oder: »Ich wäre auch gerne so beliebt wie Krystal.« Es zeigt mir, dass ich gar nicht so zurückgezogen und verunsichert war, wie ich es in Erinnerung habe.

Laut den Tagebucheinträgen schien ich auf der Middle School im letzten Jahr extrovertiert rübergekommen zu sein. Ich wollte mit allen befreundet sein oder wenigstens mit allen reden. Das erstaunt mich in der Rückschau.

Prägend waren die Jahre aber für uns alle. Wir lernten viel über das Erwachsenwerden, die langsame Abnabelung von den Eltern. Auch meine Mitschüler benahmen sich in der Pubertät irgendwie wunderlich, weil sie alle auf der Suche waren und sich selbst finden mussten.

Sport half mir persönlich bei der Suche.

Ich spielte in der Middle School endlich in einer richtigen Volleyball-Mannschaft.

Wir trainierten nach dem Unterricht und ich war ziemlich gut. Leider war das Glück nur von kurzer Dauer. Als wir anfingen, gegen andere Mannschaften zu spielen, war ich viel zu emotional, nervös und aufgewühlt. Ich schrie in den Matches die ganze Zeit, vor und nach jedem Punkt. Die Mitspielerinnen fühlten sich davon extrem gestört.

»Wir wollen dich nicht in der Mannschaft haben«, sagten sie. Ich verstand das und verließ schweren Herzens das Team.

Ich probierte dann Softball, weil es meinem Vater so wichtig war. Und Kleinfeldtennis. Aber bei beiden haperte es am zu großen Aufwand: Meine Eltern schafften es nicht, mich die weiten Strecken durch die Stadt zum Training zu fahren – sie hatten nicht die Zeit dazu. Ich fand das schade, weil ich merkte, dass Sport mir guttat. Aber was sollte ich machen?

Also freute mich auf die High School und die Möglichkeiten, die dort auf mich warten würden.

Diesmal hatte ich mich nicht schlaugelesen, wie sie wohl sein würde. Dennoch hatte ich natürlich durch die vielen High-School-Filme und -Serien jede Menge Klischees im Kopf. Aber die Wahrheit sah wieder ganz anders aus, als einem die fiktionalen Produktionen suggerieren wollen. Es existierten zwar Grüppchen, aber die Grenzen verliefen längst nicht so übertrieben scharf, sondern fließender. Ich gehörte zwar keiner dieser bunten Cliquen an, wurde aber von allen akzeptiert. Zu den Sportlern fühlte ich mich genauso hingezogen wie zu den Musikern oder den Künstlern oder den Emo-Kids. Was mir extrem gut gefiel, war die Offenheit, mit der sie mich aufnahmen.

Ich hatte das Gefühl, meine Historie und meine körperlichen Einschränkungen nicht mehr verstecken zu müssen.

Ich schloss mich einer »Sororitie«, einer Schwesternschaft, an, der, wie der Name schon sagt, nur Mädchen angehörten. Jungs bilden »Fraternities«, also Bruderschaften. Diese Verbindungen haben bei uns in den USA jahrhundertealte Tradition. In Deutschland ist es wohl mit Studentenverbindungen gleichzusetzen.

Unsere Sororitie organisierte Wohltätigkeitsveranstaltungen, machte Picknicks oder Partys. Obwohl ich alle Sachen mitmachte, führte das zu keiner einzigen innigen und intensiven Freundschaft, zu keinen Treffen außerhalb der Schule. Am nächsten fühlte ich mich einem jüngeren Mädchen aus dem Bus, die meine kleine Schwester hätte sein können.

Und das Lernen machte mir wieder mehr Spaß. Dass ich keine Chance hatte, auf eine Top-High-School zu gehen, war mir eine Lehre gewesen. Diesmal, so schwor ich mir, sollten meine Noten so gut werden, dass ich später auf eine exzellente Universität würde wechseln können. Und deswegen nahm ich in den letzten beiden Jahren intensiv von dem Angebot Gebrauch, Extrakurse zu belegen, die einen auf das Universitäts-Niveau vorbereiteten. Ich mochte Fächer wie Biologie, Chemie, Literatur, Englisch, Soziologie, amerikanische Geschichte, die ich allesamt für Leistungskurse hätte auswählen können. Mir half, dass mich zahlreiche Fächer interessierten, die später auch an der Uni angeboten wurden. Am liebsten besuchte ich Naturwissenschaften und Mathe. Damals wollte ich unbedingt Ärztin werden, ich hatte ja so viele Erfahrungen mit der Medizin gemacht, dass es mir naheliegend erschien. Ich entschied mich letztlich für Biologie und Chemie als Leistungskurse.

Neben der akademischen Laufbahn trieb ich meine sportliche mit großer Leidenschaft und viel Eifer voran.

Als ich hörte, dass es an meiner High School eine Tennismannschaft gab, deren Saison im Frühling begann, konnte ich es kaum erwarten, Teil von ihr zu werden. Endlich konnte ich den Williams-Schwestern nacheifern und schauen, ob ich nicht auch das Zeug zur Profi-Spielerin habe.

Und tatsächlich – obwohl ich vorher nie auf einem Tennisplatz mit Normalmaßen gestanden hatte, schaffte ich es in die Mädchenmannschaft und gehörte rasch zu den besten Spielerinnen.

»Du bist ganz erstaunlich«, sagte mein Trainer zu mir und ich sah mich schon in Wimbledon. Das motivierte mich, ich übte jeden Tag. Tennis ist ein faszinierendes und gleichzeitig so aufregendes, ungeheuer schwieriges Spiel. Eines, bei dem so gegensätzliche Fähigkeiten und Fertigkeiten wie Kraft, Ausdauer, Koordination, Technik, Gefühl, Konzentration und Präzision miteinander auf harmonische Art verschmelzen müssen, wenn man gut sein will, damit der Ball zum einen übers Netz fliegt und zum anderen schließlich innerhalb der neun weißen Linien so aufspringt, dass er möglichst unerreichbar für den Gegner ist. Und das möglichst mit hoher Geschwindigkeit.

Als aber mein Trainer die Schule verließ, hörte auch ich einfach auf. Es sollte kein anderer Tennislehrer als er sein, bei dem ich trainiere. Ich hielt ihn schlichtweg für den besten – was gegenüber seinem engagierten Nachfolger natürlich ungerecht war.

Also wieder Volleyball. Ich durfte damals nicht gleich in der High-School-Mannschaft mitspielen, weil ich zu meinem großen Ärger die sogenannten Try-outs verpasst hatte, eine Art Vorspielen, um auf sich aufmerksam zu machen. Der Grund: Ich konnte in den Sommerferien vor der zehnten Klasse mit 15 Jahren kein Sport treiben. Hinter mir lag eine große Operation, auf die ich später eingehen werde.

Über ein Probetraining in der zweiten Mannschaft gelang mir aber im Jahr darauf der Sprung in die erste Mannschaft. In meinem letzten Jahr auf der High School, ich war 17 Jahre alt, spielte ich zum ersten Mal ernsthaft in einer Mannschaft Volleyball. Ich verschwendete damals aber noch keinen Gedanken daran, dass ich Volleyball mal zu meinem Beruf machen könnte.

Mich trieb etwas ganz anderes um.

Mein Bruder hatte mir die bittere Wahrheit überbracht: »Wir können nicht auf die Uni gehen«, sagte er eines Tages zu mir, »dafür reicht das Geld unserer Eltern nicht.«

Meine Mutter hatte mit mir nie darüber gesprochen, sie hatte nur meinen Bruder eingeweiht.

Die Universitäten in den USA sind unheimlich teuer, eine Semestergebühr von 10.000 Euro ist keine Seltenheit. Das hängt damit zusammen, dass die Universitäten und US-Colleges, die häufig Teil der Unis sind, weitestgehend autonom handeln. Sie allein entscheiden über das Studienangebot, die Zulassung von Bewerbern und die Studiengebühren.

Um unseren Traum vom Studium dennoch zu verwirklichen, blieb uns nur der Weg über ein Sport- oder akademisches Stipendium. Aber reichten meine exzellenten Noten und meine ersten Erfolge als Volleyballerin aus?

In der elften Klasse gab es dann einen Moment, der den Lauf meines Lebens verändern sollte. Es war mal wieder ein Standardtest angekündigt, einer von vielen, die wir während der Schulzeit alle ständig zu schreiben hatten. Das amerikanische Schulsystem duldet es nicht, eine solche Prüfung zu verpassen – sonst drohen empfindliche Strafen. In diesem Test ging es um die Auffassungsgabe, um Allgemeinwissen und logisches Denken. Uns wurde immer gesagt, dass das notwendig wäre, um zu erfahren, wo wir im Vergleich stehen würden – innerhalb der Stadt, im Bundesstaat und in den gesamten Vereinigten Staaten. Es war zudem eine Art Diagnosewerkzeug für die Lehrer, um daraus ihren Unterricht abzuleiten und gezielter auf die Schüler eingehen zu können.

Die Pädagogen sagten lediglich: »Nehmt ihn ernst.« Das war nichts Neues, das sagten sie vor jeder dieser Prüfungen.

Ich persönlich ließ sie nie schleifen, für mich hatten sie jedes Mal eine hohe Bedeutung. Eine weise Entscheidung, wie sich herausstellte. Als der Schulleiter mich kurze Zeit später zu sich rief, dachte ich nur: »Oh, nein, was will der denn nun von mir?«

Er empfing mich mit einem breiten Lächeln und sagte: »Glückwunsch, Krystal, du hast eine besondere Auszeichnung gewonnen – als einzige Schülerin unserer Schule.«

Tatsächlich war es bei dem Test um ein landesweites Stipendiaten-Programm für junge Schwarze gegangen. Ihnen sollte der Zugang zu den Universitäten des Landes erleichtert werden. Für mich hieß das konkret, dass ich mich für das renommierte »National Achievement Scholarship Program« qualifiziert hatte. Mit meiner extrem hohen Punktzahl hatte ich das Halbfinale erreicht und bekam ein volles Stipendium von vielen Unis im Land schon garantiert, das heißt, sie übernahmen die teuren Schulgebühren komplett. Und es kam noch besser: Ich setzte mich auch im Halbfinale durch und zog als eine von nur 15.000 Schülerinnen und Schülern in den Staaten ins Finale ein. Mit einem Schlag erhielt ich zahlreiche Briefe mit Einladungen von Colleges aus den ganzen USA.

Ich konnte das kaum glauben und war außer mir vor Freude. Erst als ich die ganzen Schreiben aus dem Briefkasten fischte, realisierte ich langsam, dass ich auf die Uni gehen würde können. Ich war total aufgeregt: »Wow«, dachte ich, »da wollte ich immer hin! Und ich habe es geschafft!« Mein Traum war wahr geworden.

Ich war sogar in der angenehmen Lage, mir die Universität selbst auszusuchen.

Meine Wahl fiel am Ende auf die Universität von Alabama in Tuscaloosa. Dort konnte ich weiter Volleyball auf hohem Niveau spielen und kannte den Trainer bereits.

Meine zukünftige Mannschaft hatte ich zudem in eine komfortable Situation gebracht: Da ich mit meinem akademischen Stipendium keinen Sportplatz besetzte, konnte die Uni eine weitere Spielerin mit einer Volleyball-Förderung holen und so die Qualität des Teams spürbar erhöhen.

KAPITEL 7

ENDLICH NICHT MEHR ALLEIN AUF DER WELT

Ich stand barfüßig im Wasser und schaute hinaus auf den Pazifik. Dieser Blick, der bis an den Horizont reichte. Und erst recht diese Luft: so rein, so salzig-frisch. Ich atmete tief ein, einmal, zweimal, fünfmal – eine Kur für meine Lunge, die sonst nur die Abgase und den Feinstaub einer Großstadt gewohnt war. Dazu die seichten Wellen, die den Sand über meine nackten Füße spülten und mich sanft massierten. Es war wie ein Traum, der Wirklichkeit geworden war. In diesem Moment bekam ich eine Ahnung davon, was Freiheit wirklich bedeuten kann.

Als ich das erste Mal am Strand von San Diego im Süden Kaliforniens stand, war ich gerade 14 Jahre alt geworden. Ich war das erste Mal im »Youth Rally Camp«, das ist ein Ferienlager für Jugendliche mit physischen Einschränkungen.

Meine Eltern und ich waren über eine Freundin unserer Familie auf das Camp aufmerksam gemacht worden, die wir über die Kirchengemeinde kannten. Sie arbeitete in einer der Kliniken, die zwei Plätze im Camp bereitstellten, einen davon bot die Bekannte mir an. Ich war sofort begeistert davon.

»Bitte, bitte, darf ich da hingehen«, flehte ich meine Eltern an.

Mom und Dad reagierten zurückhaltend.

»Nach San Diego fliegen?«, fragte mein Vater, »wer soll das bezahlen?«

Aber als sie hörten, dass die Klinik auch die Kosten für den Flug übernahm, willigten sie ein.

Bald traf ich Lindsey, das Mädchen, das den anderen Platz ergattert hatte, und löcherte sie mit Fragen: »Bist du aufgeregt? Wie bereitest du dich darauf vor? Hast du auch Angst?« Im Gegensatz zu mir sah sie dem Ganzen entspannt entgegen.

Ihre Gelassenheit hätte ich mir gewünscht. Ich war supernervös: weil so viel Ungewisses vor mir lag, weil ich noch nie zuvor ohne meine Eltern verreist war, weil ich das erste Mal in ein Flugzeug stieg. Und jetzt ging es fast quer durch die Staaten an die Westküste, die Maschine brauchte für die 3.000 Kilometer mehr als sechs Stunden.

»Hilfe«, dachte ich, »hoffentlich geht alles gut.« Und wie so oft, wenn ich nervös war, machte sich das Unwohlsein körperlich bemerkbar, sprich, ich fühlte mich Tage vor der Abreise permanent mies.

Als ich schließlich das Camp erreichte, staunte ich nicht schlecht. Über die vielen kranken Jugendlichen und darüber, dass ich zum ersten Mal an einem Ort war, an dem weiße Menschen in der Überzahl waren. In den Vierteln, in denen ich mich in Birmingham bewegte, waren Leute mit weißer Hautfarbe Exoten. In meiner Middle School beispielsweise gab es nur zwei weiße Mitschüler. Nun war ich in einem Ferienlager gelandet, in dem lauter Weiße waren und nur drei oder vier andere Afroamerikaner – auf einmal gehörte ich zu den Exoten.

Das war für mich neu und irgendwie skurril. »Wie soll ich mich verhalten und die weißen Menschen nur ansprechen?« Diese Frage geisterte mir durch den Kopf. Ich war zugegebenermaßen etwas eingeschüchtert. Aber nicht, weil ich so etwas wie Rassismus befürchtete. Ich hatte zwar gelesen und gehört, dass wir Schwarzen in den USA eigentlich in der Unterzahl waren und wegen unserer Hautfarbe oft ungerecht behandelt wurden. Aber ich konnte es mir schlichtweg nicht vorstellen, denn ich hatte zum Glück nie solche Erfahrungen machen müssen.

Aber ich hätte gar nicht überfordert sein müssen, denn wir näherten uns schnell an. »Deine Haare sind toll«, sagten die weißen Kinder beispielsweise zu mir. Meine Hautfarbe war im Camp nicht ein einziges Mal ein Thema.

Wir hatten andere Probleme.

Die Bandbreite an Krankheiten und Auffälligkeiten, die die Kinder und Jugendlichen hatten, war unglaublich.

Ich wusste ja, dass sie alle irgendwelche physischen Probleme haben mussten, sonst wären sie gar nicht dort gewesen. Ein Handicap war schließlich die Eintrittskarte in das Camp, das einmal im Jahr eine Woche lang an wechselnden Plätzen stattfand.

Aber ich fand es erstaunlich zu sehen, wie unterschiedlich sie alle waren. Es gab Teilnehmerinnen und Teilnehmer im Rollstuhl, mit Bandagen und Krücken. Andere wiederum mussten mit Magensonden ernährt werden, manche brauchten Beutel für den künstlichen Darmausgang.

Und dann liefen auch Kinder herum, denen man von außen gar nicht ansah, was ihnen fehlte, und bei denen man sich fragte, welche Probleme sie wohl haben würden.

Die große Mehrheit der Betreuer waren früher selbst Teilnehmende im Ferienlager gewesen und wussten deshalb ganz genau, was wir Jugendlichen durchmachten mit all den Einschränkungen, Benachteiligungen und oftmals Erniedrigungen. Manche Kids hatten ihre Eltern dabei, die mithalfen, und wir hatten Krankenschwestern, die freiwillig ihren Dienst verrichteten und sich liebevoll um alle kümmerten. Mich wühlte am ersten Tag schrecklich auf, dass alle ihre Probleme hatten – so wie ich. Dazu kam das Heimweh, weil ich niemanden kannte.

Aber allein sein heißt nicht, einsam zu sein, das begriff ich dort. Das positive Feeling überwog. Da ich sofort akzeptiert und wertgeschätzt wurde und weil ich so viele neue und wichtige Perspektiven auf das Leben kennenlernte. Nach der ersten überstandenen Nacht wurde es besser, wenn ich auch weiter eher beobachtend und zurückhaltender war.

Aber ich machte alles mit, was es an Programmpunkten gab: Wir hatten ein buntes und unterhaltsames Freizeitangebot, gingen in den berühmten Zoo von San Diego und an den Strand, lauschten einer Motivationsrede, machten Sport und nahmen an Talentshows und Modenschauen teil.

Wir hatten zudem die Möglichkeit, in Kleingruppen irgendetwas auf eigene Faust zu unternehmen und ein wenig aus dem Programm auszubrechen. Die Gruppen waren aufgeteilt nach Alter, Geschlecht oder ähnlichen Krankheitsbildern. Diese Form des Miteinanders half, sich auszutauschen über unsere unterschiedlichen Erfahrungen, Hoffnungen und Träume, die jeder von uns hatte. Und genau das war es, was das Camp so wertvoll machte:

Teil einer dieser Gruppen zu sein. Sie steigerten mein Selbstwertgefühl und motivierten mich – auch später, wenn ich daran dachte –, immer weiterzumachen.

Sogar als ich im Erwachsenenalter an Krebs erkrankte, konnte ich auf diese Erkenntnis zurückgreifen: dass ich mit meinem Schicksal nicht allein bin auf der Welt. Diese Tatsache gibt mir unheimlich Kraft. Ich dachte nämlich jahrelang, dass ich der einzige Mensch auf dem Planeten bin, der mit und gegen seinen Körper kämpfen muss. Aber in den Tagen von San Diego lernte ich, dass ich eine von Hunderten, Tausenden, Zehntausenden, Hunderttausenden oder sogar Millionen bin.

Ich hatte im Camp eine Gemeinschaft gefunden, auf die ich mich verlassen konnte, die immer für mich da war – und sei es nur »gefühlt«, wie man heute so schön sagt. Eine bunte Truppe Menschen, die unheimlich wichtig für mich war, mir Selbstvertrauen schenkte und den Glauben gab, alles meistern zu können, auch wenn es noch so ausweglos erscheinen sollte.

Das Motto des Camps stimmte zu 100 Prozent: »Du bist nicht allein.«

Die körperlichen Beschwerden, das Mobbing – all das wird mir nichts mehr anhaben können. Das glaubte ich fest. Die Leute hier gaben mir Hoffnung und Zuversicht für all das, was noch kommen sollte. Ich wusste von nun an, wie wichtig und richtig es war, Ziele und Wünsche zu haben, die ich erreichen und mir erfüllen wollte und würde. Einfach die Dinge machen. Das war meine neue Maxime.

Am meisten angetan war ich von der Rede eines Motivationscoaches. Er bat uns, mit ihm ein Gedankenexperiment zu machen – es ging um gefrorenes Wasser. Wir mussten uns vorstellen, wie schöne harmonische Musik, die er einspielte, die Eiskristalle vor unserem inneren Auge in anmutige, graziöse Formen verwandelte. Dann hörten wir plötzlich aggressive, disharmonische Musik mit verstörenden Liedtexten. Unter diesen Klängen, so stellten wir es uns wiederum vor, würden sich die

Eiskristalle hässlich verformen und gänzlich chaotisch anordnen. Die Botschaft des Coaches war, dass das Wichtigste ist, uns selbst zu lieben, dann könnten wir auch das Leben und andere Menschen wertschätzen und liebgewinnen.

Das war der Soundtrack zum Camp – von Anfang an.

Mich beeindruckte das Gehörte und Erlebte, sie waren mein Eintritt in eine neue, bis dahin unbekannte Welt. Ich war zu dieser Zeit sehr verunsichert, weil ich mich um meinen Körper sorgte, ich fühlte mich allein und unverstanden.

Und auf einmal sah ich diese selbstbewussten Kinder, Jugendlichen und Betreuer um mich herum, die an Modeschauen oder Talentwettbewerben teilnahmen und ihre Schönheit und Begabungen selbstverständlich und selbstsicher zur Schau stellten – unabhängig davon, was ihnen fehlte und welche Probleme sie im Alltag hatten.

»Das kannst du auch, Krystal«, sagten sie zu mir. »Mach mit.« Es dauerte, bis ihre Unbekümmertheit mich ansteckte und mir die Normalität einer Behinderung klar wurde. Dass es möglich ist, trotzdem mittendrin zu sein und ein normales Leben zu führen. Obwohl wir alle so unterschiedlich waren mit unseren Problemen, einte uns das Bedürfnis, wie alle anderen am Leben teilzunehmen.

Die Gespräche in den Kleingruppen gefielen mir am besten. Ich hatte nie so recht gewusst, wie ich medizinisch erklären sollte, was ich habe. Aber die Fachleute im Camp holten mich und die anderen raus aus diesem Dilemma, indem sie uns die Diagnosen erklärten. In meinem Fall waren es Anomalien an der Blase und dem Rektum infolge meiner Geburtsfehler. Einen konkreten Namen gibt es dafür nicht, es existiert schlicht keiner.

In meiner Gruppe gab es viele, denen es ähnlich ging wie mir. Niemand hatte die gleichen Beschwerden wie ich, jeder hatte eigene Symptome und Dysfunktionen, die nicht richtig zu benennen waren. Es war hilfreich, sich mit diesen Menschen zu identifizieren. Und für mich war es sehr wertvoll, mit gleichaltrigen Mädchen und Betreuerinnen, die nur ein paar Jahre älter waren als ich, frei und unbelastet sprechen zu können, weil ich im nächsten Jahr auf die High School kam und viele Fragen zum Alltag hatte.

»Wie macht ihr das mit den Jungs?«, fragte ich zum Beispiel. »Sprecht ihr sie an, wenn ihr mit ihnen ausgehen wollt, oder wartet ihr darauf, bis sie euch ansprechen?«

Die Antworten halfen mir. »Übernimm du die Initiative in deinem Leben«, rieten sie mir. Ich war gerüstet für das Morgen, fühlte mich als Mitglied einer Gemeinschaft, die mich so mochte, wie ich bin. Groß verstellen oder eine Rolle spielen, wie ich es oft tat, das musste ich hier nicht – ich durfte ohne Wenn und Aber Krystal sein.

Als ich nach Hause kam, spürte ich, dass sich in mir etwas verändert hatte. In tiefer Dankbarkeit für das Camp schwebte ich durch Birmingham. Ich war nun nicht mehr nur auf meine Bücher angewiesen, wenn ich in eine andere Welt flüchten wollte, sondern war in eine neue, ganz reale Welt eingetreten. Ich musste mir mein Refugium nicht mehr ausdenken, ich hatte nun tatsächlich eines gefunden. Dank des Gelernten trat ich meinem Arzt gegenüber selbstbewusster auf und fragte ihn, was meine Beeinträchtigungen konkret bedeuteten; ich wollte, dass er mir alles erklärte. Intensiv nachzufragen half mir, besser mit meinem Körper umzugehen.

Ich ging auch in den nächsten drei Jahren ins Camp. Im zweiten Jahr fand es in Beaver im Bundesstaat Colorado statt, wo ich nicht nur selbstsicherer auftrat und erste Freundschaften schloss, sondern auch neue Sportarten ausprobierte. Boxen zum Beispiel.

Es kamen Boxer vorbei, um uns in ihre ganz eigenwillige Welt einzuführen. Sie erklärten uns, wie man die Fäuste wirkungsvoll einsetzt und es hinkriegt, selbst möglichst nichts abzubekommen.

Prägend für mich war auch unser »Abschlussball«, der natürlich kein richtiger Ball war, obwohl wir ihn so nannten. Wir machten uns schick, tanzten ausgelassen und hörten Musik. Ich fühlte mich frei, konnte endlich loslassen und die kleinen wunderbaren Momente im Leben genießen. Ich musste mich an meinen ersten Besuch in San Diego erinnern, als ich barfüßig im Meer stand – diese Freiheit war nun in mir.

Mein viertes und letztes Jahr im Camp führte mich genau zu diesem Ausgangspunkt meines Aufbruchs in die neue Welt zurück. Ich erhielt in Kalifornien meine Abschlussurkunde, was hieß: nächstes Jahr würde ich nicht mehr dabei sein dürfen. Die Zeremonien bei der Übergabe der Abschlussurkunden waren Jahr für Jahr etwas ganz Besonderes. Auch für mich war der kleine Festakt sehr emotional. Sofort begann das Kopfkino: Wie ich hier im ersten Jahr verschüchtert und verzagt ankam, über mich und das Leben lernte und das erste Mal das Meer sah.

So selbstbewusst ich im Camp war, wusste ich auch, dass ich hier einen geschützten Ort hatte, fernab der mitunter harten und unsicheren Realität, mit der ich – und die meisten von uns – täglich konfrontiert waren. Ich glaube, ich kann hier für alle sprechen: Im Ferienlager konnten wir so sein, wie wir sind, uns gegenseitig motivieren und stützen. In dieser einen einzigen Woche konnten wir den ganzen Ballast abwerfen, absolute Geborgenheit und eine Unbeschwertheit genießen, die wir im Rest des Jahres vermissten. Das Camp war für uns alle ein Glücksfall gewesen. Die besondere Qualität sprach sich natürlich herum. Über die Landesgrenzen hinaus. Es nahmen nicht nur Mädchen und Jungen aus den USA daran teil, sondern aus Kanada und sogar Australien, sie alle wollten in eine Gemeinschaft eintauchen, die ihresgleichen sucht.

Das Ferienlager wirkte auf uns wie ein Zaubertrank, in den wir kopfüber reinsprangen, in dem wir badeten und den wir tranken, um für die kalte Welt da draußen gewappnet zu sein. Umso schwerer fiel der Abschied, der Augenblick, in dem klar wird, dass man nicht mehr zurückkommen kann, um noch einmal einen kräftigen Schluck des Tranks zu nehmen. Ich hielt also meine Urkunde in der Hand und dachte, dass ich jetzt wieder auf mich allein gestellt war und meinen Weg in der Gesellschaft weitergehen musste. Umso dankbarer war ich, vier Jahre dabei gewesen sein zu dürfen.

Mit einigen der Leute, die ich damals kennenlernen durfte, bin ich bis heute befreundet, wenn auch nur über die sozialen Netzwerke. Schließlich lebe ich in Europa und sie in den USA. Es ist nach wie vor schön, mitzubekommen, was sie heute als Erwachsene so tun. Wir sind weiter füreinander da, wenn wir uns brauchen.

Es ist nicht übertrieben zu sagen, dass das Camp mein Leben verändert hat. Die ganzen Erfahrungen dort halfen mir dabei, meine Krankheitsgeschichte besser einordnen und damit selbstbewusster umgehen zu können. Ich musste immer hart kämpfen um meinen Platz in der Gesellschaft und ein weitgehend selbständiges Leben.

Wenn ich heute darüber nachdenke, welchen Einfluss das Ferienlager auf mich hatte, muss ich einen Punkt ansprechen, der mich nach wie vor umtreibt, wenn man öffentlich über seine Blasen- und Darmprobleme redet.

Betroffene wie ich werden schnell stigmatisiert, wenn wir zum Beispiel einen Kolostomiebeutel tragen müssen. »Scheißsack«, hatten ihn diejenigen genannt, die davon wussten. Meine

Inkontinenz hat mich um so viele selbstverständliche Momente gebracht, denn ich traute mich nicht, mich frei zu bewegen. Das wurde erst mit dem künstlichen Blasenausgang besser. Aber da hatte ich dann wieder einen externen Beutel, den ich mit mir rumtrug. Unter meinen Kleidern.

Im Camp war ich auf Kinder getroffen, die das ganze Spektrum an Darm- und Blasen-Krankheiten abdeckten. Die einen brauchten Geräte oder Kolostomiebeutel. Aber es gab auch Kinder mit Morbus Crohn oder IBD, was bedeutet, dass sie mit ihren chronisch entzündlichen Darmproblemen zwar keine sichtbaren Apparate oder Ähnliches bei sich trugen, aber sehr viel häufiger aufs Klo gehen mussten als der Durchschnittsmensch. Und das sind alles Situationen, die für manche peinlich werden können.

In dieser Hinsicht half das Camp unheimlich. Dort über alle seine Probleme offen sprechen zu können, war so wohltuend. Wir hielten sie alle für normal und fanden so einen unbelasteten Zugang dazu, weil um mich herum Menschen mit ganz ähnlichen Schwierigkeiten waren. Trotzdem empfand ich es danach immer als hart und peinlich, über meine medizinischen Beschwerden zu reden, im privaten und im öffentlichen Raum. Es war ein ständiger, über viele Jahre andauernder Kampf in meinem Leben, bis ich bereit dazu war, mich ausführlich darüber zu äußern, wie ich es nun mit meiner Autobiografie tue. Das Ferienlager war dafür ein wichtiger Türöffner.

KAPITEL 8

EINE ACHT-STUNDEN-OPERATION MIT KOMPLIKATIONEN

Meine Mutter wurde plötzlich von den Ärzten geweckt. Sie war eingeschlafen, während ich stundenlang auf dem Operationstisch lag.

»Mrs Rivers«, sagten sie, »es gibt eine Planänderung. Das, was wir vorhatten, lässt sich nicht mehr umsetzen. Aber Sie müssen Ihr Einverständnis geben.« Meine Mom wurde von den Chirurgen überrumpelt, die ihr in Kürze erzählten, was sie vorgesehen hatten. Es war eine unvermeidliche Entscheidung. Medizinisch notwendig. Meine Mama seufzte, weinte, sie ahnte wohl, welche Folgen das für mich und mein weiteres Leben haben dürfte. Trotzdem würde keine Mutter der Welt in diesem Moment Nein sagen, auch meine Mama tat das nicht. Sie vertraute den Ärzten.

»Sie tun das Richtige für meine 15-jährige Tochter«, sagte sie zu ihnen.

Als ich aufwachte, ging ich davon aus, dass ich etwa fünf Stunden operiert worden war, so lautete die Prognose der Ärzte vor dem Eingriff. Doch als ich zu mir kam, erzählte mir meine Mutter, was geschehen war: Die Ärzte hatten viel länger operiert.

»Alles ist gut«, beruhigte meine Mom mich, aber ihre Augen sprachen eine andere Sprache. Mir war sofort klar, dass etwas nicht so verlaufen war, wie es sollte.

»Die Chirurgen haben es leider nicht geschafft, deine Blase zu vergrößern«, sagte sie. Was war geschehen? Vor der Operation waren die Ärzte so optimistisch gewesen.

Bei der Visite erklärten sie mir, was sie stattdessen getan hatten: »Wir haben dir ein Urostoma eingesetzt.« Eine künstliche Harnableitung also, an derem Ende ein Beutel hängt, der auffängt, was der Mensch nun mal loswerden muss.

Ich war noch benommen von der Narkose, aber auch verärgert, und fragte die Mediziner: »Was ist denn passiert?«

Der erste Teil der Operation, so erzählten sie, sei wunderbar planmäßig verlaufen: Sie hatten einen Teil des Dickdarms entnommen, um damit die Blase zu vergrößern. »Doch als wir die Blase freilegten, merkten wir, wie klein das Organ tatsächlich ist.«

Sie hätten viel mehr Darm benötigt, als sie angenommen hatten. Hätten sie es wie geplant durchgezogen, »dann hättest du für den Rest deines Lebens immer wieder für längere Phasen im Krankenhaus behandelt werden müssen«, sagten sie.

Dieses Szenario wollten sie mir ersparen – und entschieden sich gemeinsam mit meiner Mutter für das Urostoma.

Der stundenlange Eingriff war die bisher größte und schwierigste OP gewesen, an die ich mich persönlich erinnern kann.

Die dramatischeren Operationen, die an mir als Baby durchgeführt worden waren, kenne ich nur aus Erzählungen meiner Eltern und der Ärzte.

Nach dieser spürte ich die Folgen jetzt mit voller Wucht. Einerseits musste ich mich körperlich von dem Eingriff erholen. Andererseits haderte ich psychisch mit dem Verlauf der Operation. Vor allem das Urostoma beschäftigte mich.

»Warum habe ich diesen künstlichen Ausgang mit dem Beutel? Was sind die Gründe dafür? Kann ich danach wieder Sport treiben?«

Typischerweise vergrößern sie bei Menschen, die ganz ähnliche Probleme plagen wie mich, die Blase und kombinieren das mit einem Katheter. Urostomas benötigen vor allem diejenigen, die Blasenkrebs haben oder denen die Blase vollständig entfernt worden ist. Ein Urostoma ist oft die letzte Möglichkeit für Menschen, die austherapiert sind, bei denen medizinisch alles Bekannte und Machbare ausprobiert wurde und es keine Alternativen mehr gibt.

Ich gehörte zu keiner dieser Gruppen und es wunderte mich deswegen, warum sie mir das Ding eingesetzt hatten, obwohl die Pläne ganz andere waren.

Um besser verstehen zu können, was ich meine, muss ich zurück zum Tag meiner Geburt gehen.

Als ich auf die Welt kam, hatte ich offen liegende Organe. Bei dieser sogenannten Gastroschisis bildet sich schon in der früheren Schwangerschaft in der Bauchwand des Fötus ein Riss von etwa zwei bis drei Zentimetern. Noch ist nicht geklärt, warum sich die Bauchwand aufspaltet und die inneren Organe nach draußen dringen. In den meisten Fällen drückt sich die Blase oder der Darm durch die Bauchöffnung, auch bei mir war es so. Eine der Folgen davon war, dass mein Dickdarm zu kurz war.

Nicht einmal meine Ärzte wussten, wie viel fehlte, beziehungsweise wie viel ich genau hatte.

Sie hatten regelmäßig Tests gemacht, um die Größe bestimmen zu können, nur kamen dabei widersprüchliche Resultate heraus. Sie konnten beispielsweise trotz Kontrastmittel nur eine Seite des etwa eineinhalb Meter langen Dickdarms erkennen, der den Ausgang des Dünndarms mit dem After verbindet.

»Es ist uns nicht möglich, eindeutig festzumachen, ob der Dickdarm überhaupt mit irgendetwas verbunden ist«, sagten sie ein anderes Mal. Was natürlich so sein musste, sonst wäre ich nicht am Leben.

In meinen ersten Lebensjahren hatte ich deswegen die künstliche Ausleitung des Dickdarms an die Hautoberfläche, der Kolostomiebeutel, in dem mein Stuhlgang aufgefangen wurde. Nach einigen operativen Korrekturen brauchte ich die künstliche Darmöffnung nicht mehr, vor dem zweiten Kindergartenjahr war ich sie endlich los.

Nur meine Blase blieb weiter ein Problemfall: Bis ich 15 Jahre alt war, hatte ich nicht die volle Kontrolle über sie. Mit unangenehmen Folgen. Ich musste hin und wieder meine Kleidung wechseln und war deshalb über meinen eigenen Rückzugsort in der Schule froh. Aber natürlich ist es rein psychisch ein Desaster für einen Teenager, wenn er nicht weiß, wann und wie viel Urin einfach so in die Unterhose fließt.

Deswegen war diese große Operation angesetzt worden. Es sollte dabei eine Dauerlösung geben mit dem Ziel: fortan problemlos aufs Klo gehen zu können. Aus meinem wenigen Dickdarm wollten die Ärzte ein neues Konstrukt zaubern, das die Exkremente vorschriftsmäßig aus meinem Körper führen sollte. Nicht unter erschwerten Bedingungen wie bisher. Die angenehme Nebenfolgen: weniger Magenschmerzen und kein aufgeblähter Bauch mehr. Zur Neuordnung meines Innenlebens sollte zudem meine extrem kleine Blase vergrößert werden – und zwar durch Teile meines Dünndarms, damit ich künftig vollständig störungsfrei Wasser lassen könnte.

»Das ist ein heftiger Eingriff«, sagten die Ärzte mir. Ich wollte ihn trotzdem.

Ich freute mich sogar auf diese letzte einer Serie großer Operationen – ich hatte zu diesem Zeitpunkt fast 20 Operationen hinter mir. Danach lag ich zwar noch einige Male auf dem OP-Tisch, aber ich hatte keinen ähnlich langen, komplizierten und aufwändigen Eingriff mehr. Dabei waren ausnahmsweise beide Ärzte – ein Gastroenterologe und ein Urologe –, die mich seit Jahren behandelten. Sie hatten sich etwas Kluges, Innovatives und Interdisziplinäres für mich ausgedacht. Sie wollten die OP ganzheitlich angehen, um die bestmögliche Lösung zu finden.

Ich sollte im Sommer 2009 operiert werden, damit ich mich in den Ferien erholen konnte. Mein Ziel war, nach einer Woche körperlich so hergestellt zu sein, dass ich zumindest wieder Treppen steigen könnte. Ich war jung, voller Energie, und es gewohnt, schnell wieder auf den Beinen zu stehen. Aus meiner Perspektive heraus war es ganz normal, rasch zu genesen. Doch diesmal sollte ich mich vier lange Wochen ausruhen, nichts tun, überhaupt nichts. Das war die Ansage der Ärzte. Ich wollte es nicht wahrhaben und dachte: »Leute, das meint ihr doch nicht ernst. Schaut her, ich bin 15 Jahre jung, kraftvoll, ein Energiebündel und voller Zuversicht, das muss doch schneller gehen.«

Dann kam der Tag der OP, für mich reine Routine. Alles begann wie immer, ich habe das ganze Prozedere mit der Betäubung schon so oft mitgemacht. Die Infussion, der Schlauch. Ich dachte: »Gleich werde ich schlafen.«

Doch diesmal war alles anders. Die Anästhesisten hatten sich dazu entschieden, neben dem üblichen Schmerzempfinden, dem Bewusstsein und der Dämpfung vegetativer Funktionen auch die Muskeln auszuschalten und sie so zu entspannen. Es war also eine Erweiterung der Narkose. Mein ganzes System wurde heruntergefahren, um meinen Darm bearbeiten zu können.

Die Tropfen, die mich in den Tiefschlaf bringen sollten, liefen aber leider zu schnell in meine Blutbahn. Ich reagierte darauf so heftig, dass die Ärzte zu dem Schluss kamen: »Wir können dich nicht operieren.«

Also wurde ich zurück in mein Zimmer geschoben und ich kann mich leider nur allzu gut daran erinnern, dass ich mich absurd häufig übergeben musste. Das Mittel war einfach zu stark für mich gewesen. So war der erste Versuch also gescheitert und die niederschmetternde Aussage der Ärzte war: »Wir probieren es in ein paar Monaten wieder.«

Für mich brach eine kleine Welt zusammen. Ich war unfassbar deprimiert darüber, dass die OP verschoben werden musste. Mir ging sofort durch den Kopf, dass zu dieser Zeit die zehnte Klasse schon laufen und ich sehr viel Unterricht verpassen würde. Ein Albtraum.

Der nächste Operationstermin wurde schließlich im Oktober angesetzt. Meine Lehrer versicherten mir, dass ich den verpassten Stoff eines ganzen Monats nachholen könne und ansonsten ganz normal am Unterricht teilnehmen dürfe.

Diesmal klappte alles mit der Narkose, und zunächst lief alles ohne Komplikationen.

Bis die Chirurgen meine Mom weckten.

Die ersten Tage nach der OP waren hart. Psychisch und physisch.

Ich konnte mit Schmerzen immer sehr gut umgehen – bis heute ist das so. Auch nach meinen großen Operationen. Wenn man mich fragte, wie es mir gehe, entgegnete ich stets mit einer Standardantwort: »Ich fühle mich ganz ordentlich, nur ein bisschen unwohl.« Damals war auch das die Antwort, als meine Mom wissen wollte, wie stark die Schmerzen sind. »Mama«, sagte ich, »sei unbesorgt, es ist alles halb so schlimm. Ich bin bald wieder auf den Beinen.«

Sie reagierte ein bisschen irritiert: »Du musst schreckliche Schmerzen haben.« Das hätten ihr die Krankenschwestern versichert.

Es stimmte. Sie waren so schlimm, dass ich einen Tropf mit Morphin bekommen sollte, eines der stärksten schmerzstillenden Medikamente, die es gibt. Ich weigerte mich aber beharrlich, den Tropf zu nutzen. Stattdessen wurde ich immer gereizter und unausstehlicher. Meine Mom bat mich inständig, die Morphintropfen einzunehmen, damit ich mich auch mal ausruhen könnte. »Krystal«, sagte sie zu mir, »merkst du gar nicht, wie gemein du zu den Krankenschwestern bist? Die machen doch nur ihren Job.«

Eigentlich bin ich strikt gegen Schmerzmittel, aber es gibt Momente, in denen es nicht ohne sie geht, in denen man sich und seinem Körper keinen Gefallen damit tut, sondern ihn stresst. Erst recht nach einer Acht-Stunden-Operation. Ich musste mir schließlich eingestehen, dass meine Mutter recht hatte. Ich ließ das Morphin also in meinen Körper – und empfand es, als wäre ich eingeknickt.

Nach dem Eingriff verbrachte ich eine Woche lang im Hospital, bevor ich bei meiner Oma einquartiert wurde. Meine Mama, mein Vater und mein Bruder kamen jeden Tag im Krankenhaus vorbei. Auch meine Tante Rosalind und enge Freunde der Familie.

Diesmal schauten auch Mitschülerinnen der High School vorbei, sogar unmittelbar nach der OP in der Phase, als ich ziemlich deprimiert war und es mir verdammt schlecht ging. Gerade diese Besuche freuten mich sehr. Ich hätte es nie für möglich gehalten, dass sie kommen, um nach mir zu sehen. Sie schenkten mir Blumen, manche weinten sogar. Sie hatten vermutlich nicht erwartet, mich so entkräftet zu erblicken.

Bei meiner Oma angekommen, war ich mit meiner neuen, künstlichen Ersatzblase allein. Ich musste mich an sie gewöhnen und lernen, mit dem Urostoma richtig umzugehen, was hieß, auch den inneren Schweinehund zu besiegen und den Beutel mehrmals täglich zu leeren und alle zwei, drei Tage gegen einen neuen auszuwechseln.

Meine Grandma war wie so oft eine große Hilfe für mich gewesen. Ich schlief bei ihr im Schlafzimmer, weil sie ein Bett hatte, das noch größer war als das, was wir in Amerika »Kingsize« nennen. Das teilten wir uns.

Mein Tag bestand vor allem darin, viel Zeit am Computer und mit Büchern zu verbringen. Diese gnadenlose Auszeit war diesmal sehr wichtig für mich, da die Operation heftiger war, als ich es zunächst wahrhaben wollte. Sie schlauchte mich sehr, meine Rückkehr in den Alltag war unglaublich mühsam und beanspruchte meine ganze Geduld. Ich musste täglich Übungen machen, bewegte mich nicht viel und wenn doch, trottete ich gemächlich durch Omas Haus.

In den ersten zwei Wochen konnte ich gar nichts anderes machen, so gerne ich es getan hätte, ich war zu geschwächt.

»Hey Krystal«, versuchte ich mir dann Mut zuzusprechen, »du kannst halt im Moment nur vom Wohn- ins Esszimmer gehen und dich an den Computer setzen. Wie eine Neunzigjährige mit künstlichen Gelenken. Mehr ist halt im Moment nicht drin.«

Durch diese schwere Zeit zu kommen, war eine physische und psychische Anstrengung ohnegleichen. Aber langsam wurde dann doch alles irgendwann leichter, meine Lebensqualität nahm tatsächlich zu. Trotz des Urostomas. Ich hatte weniger Luft im Bauch, weniger Schmerzen.

Drei Wochen nach dem Einzug bei meiner Oma ging ich wieder zur Schule.

Ich muss das erwähnen, weil es auch für mich überraschend war, dass ich nach relativ kurzer Zeit wieder genug Kraft dafür hatte. In der Schule sah ich das erste Mal meine Klassenkameraden wieder, die mich im Krankenhaus besucht hatten. »Schön, dass du wieder bei uns bist«, sagten sie. Während ich bei meiner Oma gewesen war, war keiner von ihnen gekommen, das war auch besser so, um mich bestmöglich erholen zu können. Ich war mega-nervös, was mich in der Schule erwarten würde. Für mich waren die Besuche meiner Freundinnen in der Klinik eine große Sache gewesen. Trotzdem hatte es mich verunsichert, dass sie mich in so einem verletzlichen Zustand gesehen hatten. Ich wollte ja immer die Starke sein, die Mutige, die vorangeht, egal welche Widerstände im Weg waren. Und jetzt hatte ich die viele Zeit benötigt, um wieder vollständig zu genesen.

Vor allem war mir auch nicht klar, wie ich das mit dem Urostoma hinbekommen würde. Ich musste regelmäßig zur Toilette gehen, um den Inhalt zu leeren, und anschließend den Beutel wieder so anschließen, dass alles korrekt saß. Das war nicht einfach.

Als ich jünger war, hatte ich zwar den Kolostomiebeutel gehabt, doch dieser unterschied sich deutlich vom Urostoma. Lediglich bei der Hautpflege ähnelten sie sich. Als Kind musste ich mich nicht groß um das alles kümmern, das übernahm meine Familie, meine Mutter, meine Vater oder meine Oma für mich.

Jetzt musste ich das alles selbst erledigen, obwohl ich noch nicht wieder bei einhundert Prozent war, allenfalls bei 60 Prozent, vor allem körperlich. Ich ging immer noch sehr langsam und konnte nicht viel machen, weil ich nach minimaler Anstrengung total schlapp war. Ging ich Treppen hoch, fühlte ich mich danach so erschöpft, als wäre ich einen Marathon gelaufen.

Wenn ich auf diese Zeit zurückblicke, kommt in mir ein bizarres Gefühl zurück, ein Zustand zwischen Staunen, Angst und Verwirrung. Ich lief über die Flure meiner Schule und fühlte mich unheimlich einsam. Mehr als je zuvor. Nur weil ich für einige Wochen weg und nun wieder zurück war. Es war zudem quälend für mich, Teile meines Körpers wieder neu kennenlernen zu müssen.

Vor allem in den ersten Wochen und Monaten war ich mit meinem Urostoma überfordert, ich suchte öfters die Toilette auf, als es nötig gewesen wäre, weil ich nicht wusste, was los mit mir war. Einige Kleidungsstücke konnte ich nicht mehr tragen, da sie mit dem Urostoma zusammen zu eng waren und mein Bauch unangenehm spannte. Ich wollte ohnehin, dass sie weiter waren, damit möglichst keiner bemerkte, dass ich eine Beutelträgerin bin. Ich gewöhnte mir an, ständig die Seite zu berühren, wo das Ding saß, nur um sicherzugehen, dass es für andere unsichtbar blieb.

Mich hat nie jemand auf diesen Tick angesprochen, deshalb gehe ich davon aus, dass niemand – außer meinen engen Freunden – wusste, was sich unter meiner Kleidung verbarg. Ich war aber nervös, weil ich unbedingt verhindern wollte, dass noch weitere Mitschüler davon erfuhren.

Und wenn ich die Tasche, in der das lebenswichtige Teil steckte, nicht korrekt angelegt hatte, begann der Inhalt herauszulaufen. Das ist mir ein paar Mal in der Schule passiert. Einmal hatte ich eine taillierte Stoffhose an, als was durchsickerte und meine Ersatzklamotten zu Hause lagen. Ich rannte aufgeregt aufs Klo, weinte und fragte mich in diesem Moment, was ich jetzt tun könnte, damit niemand etwas bemerkte. Sie auswaschen? Als würde das niemand mitbekommen. Ich dankte Gott, dass die Hose schwarz war, sodass niemand sehen konnte, wie nass sie wurde. Trotzdem war mir der Vorgang unangenehm. Ich hatte etliche dieser Momente.

Eine harte Zeit. Zumal ich nicht erwartet hatte, ab sofort ständig einen Beutel mit mir herumtragen zu müssen. Wahrscheinlich wäre genau in der Situation eine Psychotherapie schon nicht schlecht gewesen …

Mit jedem bewältigten Tag in der Schule kehrte aber der Alltag zurück. »Du machst Fortschritte«, sagten meine Freunde zu mir. Das motivierte mich. Ich fühlte mich allmählich wieder wohl in der Schule, vor allem wieder sicherer und selbständiger. Nicht jedes Mal, wenn was verrutschte, geriet ich in Panik. Ich lernte, mich und das Ding an mir zu akzeptieren und bald als das zu würdigen, was es ist: Ein Hilfsmittel, das mir das Leben leichter macht.

Ich bekam eine Urostoma-Routine: hatte immer genügend neue Beutel dabei und Ersatzklamotten, wusste genau, wie ich es anziehen musste, damit nichts aus dem Beutel entwich. Alles war fein und in den meisten Fällen passierte nichts mehr, auch unter besonderen Umständen nicht, wenn ich mich mal schnell ankleiden oder umziehen musste.

Im Frühjahr – ein halbes Jahr nach der OP – hatte ich endlich das zurück, was ich so sehr liebe: meinen Sport. Ich konnte endlich wieder Tennis spielen. Ich war wieder ich selbst – und richtig fit. Und zu meiner eigenen Überraschung: Das Urostoma störte mich überhaupt nicht.

Heute gehört es dazu wie das Zähneputzen, den Beutel mehrmals am Tag zu entleeren oder ihn auszutauschen. Ich wechsle ihn jeden Morgen. Das müsste ich zwar nicht einmal, aber als Volleyballerin schwitze ich viel, sodass die kleine Tasche nicht mehr gut an meiner Haut klebt. Es ist deshalb angenehmer für mich, wenn ich den Beutel nach einer Nacht erneuere. Für mich fühlt es sich ganz normal an, in meine künstliche Blase hineinzupinkeln, so wie für jemanden, der aufs Klo geht. Das Urostoma funktioniert genauso – nur dass meine Blase aus Plastik ist, außerhalb meines Körpers liegt und ich sie täglich wechseln muss.

Wenn die Volleyball-Saison vorbei ist, ich weniger trainiere und lange nicht so doll schwitze, ersetze ich es alle zwei Tage. Das dauert gerade einmal zwei Minuten. Und es klebt wirklich prima an meinem Bauch, es hält den Erschütterungen stand, wie sie nun mal beim Volleyball normal sind. Gerade viermal ist es in meiner Karriere passiert, dass ich nach einem Ball hechtete, hinfiel und der Beutel beim Aufprall ein wenig aufplatzte, sodass ein kleines Loch entstand.

Ansonsten hat das Urostoma wenig Einfluss auf mein Leben. Das Einzige ist, dass ich weiter nur bestimmte Kleidung anziehen kann, keine, die zu enganliegend ist, weil immer ein Restrisiko besteht, dass doch mal was auslaufen kann. Ich bevorzuge deshalb lockere Klamotten, trage keine bauchfreien Tops. Ich habe mir so meine kleinen Tricks über die Jahre angeeignet und Modetipps übernommen, die ich seit der Zeit in den Jugend-Camps kenne.

Menschen, die von meinem Urostoma wissen, bemerken, dass ich hin und wieder hinfasse, um zu überprüfen, wie voll es ist. Das spüre ich nicht durch einen siebten Sinn, ich muss es ertasten. Und übrigens hat das Ding auch Vorteile: Dreckige Klos können mir nicht wirklich etwas anhaben. Ich muss mich nicht auf eine eklige Klobrille setzen.

Ich hadere nicht mehr damit und denke, wie ungerecht die Welt doch ist, dass ich den Beutel tragen muss. Im Gegenteil. Ich finde es gut, dass ich das Urostoma habe, der künstliche Ausgang ist ein Teil von mir geworden. Meine unechte Blase ist eine Fälschung, aber eine echt nützliche, die mir guttut.

Öffentlich habe ich nie über mein Urostoma gesprochen, in diesem Buch ist es das erste Mal. Ich habe keine Lust mehr, es zu tabuisieren. Es ist doch toll, dass wir medizinisch so weit und innovativ sind, dass Menschen wie mir so geholfen werden kann. Meine künstliche Blase hilft mir bei meinem Wunsch, ganz normal leben zu können.

KAPITEL 9

»DEIN SCHIENBEIN IST FEIN, ABER DU HAST KREBS«

So hatte ich mir mein Leben als Studentin mit eigenem Wohnheimzimmer nicht vorgestellt. Ich war seit zwei Jahren an der University of Alabama in Tuscaloosa und studierte Spanisch und Biologie, spielte in der College-Mannschaft Volleyball auf höchstem Niveau.

Und nun hing ich müde und kraftlos in meinem Zimmer rum, um mich von den Strapazen zu erholen. Vor allem der Sonntag war heftig. Da war ich so schwach, dass ich mir sogar Essen nach Hause bringen lassen musste. Nur wenn der Pizzabote klingelte, verließ ich das Sofa, schleppte mich langsam wie ein Greis die Treppen hinunter, öffnete die Tür, nahm die Bestellung entgegen – und quälte mich genauso träge wieder nach oben zurück.

Das Sofa war mein Rettungsboot, an das ich mich klammerte und das mir Halt gab. Aber mein Alltag aus Chemotherapie, Volleyball und Uni spülte mich jedes Mal wieder schnell zurück aufs weite, unbekannte und hohe Wellen schlagende Meer.

Ich freute mich deshalb über jeden Besuch, über jede Unterstützung, über jede Abwechslung, über jedes positive Wort meiner Mitspielerinnen, meiner Familie und meiner Freunde. Auch Leute aus anderen Sportarten und Volleyballmannschaften schrieben mir Karten und sendeten aufmunternde Textnachrichten. Nicht allein zu sein, zu wissen, dass andere an mich dachten und im Notfall da wären, bedeutete mir viel und schenkte mir Kraft.

In den ersten Tagen der Chemotherapie hatte ich weitergemacht, als würde ich nur eine Spritzkur gegen meinen Heuschnupfen bekommen. Ich hatte meine Krebserkrankung kolossal unterschätzt, wollte nicht wahrhaben, dass mich diese schwere Krankheit getroffen hatte. Gerade war ich in eine Straße meines Lebens abgebogen, die auf den ersten Blick eben und geradlinig schien. Ohne die üblichen gesundheitlichen Schlaglöcher und Baustellen. Alles fiel mir leicht, alles flog mir irgendwie zu. Mit meinen 19 Jahren war mein Leben endlich stinknormal geworden, ohne Drama – so wie ich mir das immer gewünscht hatte.

Doch dann spürte ich plötzlich eine Verdickung in meinem Hüftbeuger. Eine ungewohnte Verhärtung, wenn ich mich vom Boden abdrückte, um den Ball zu schmettern. Wir hatten das Herbstsemester beendet, in der die Volleyball-Saison läuft, und bereiteten uns gerade im Frühjahrsemester auf die nächste Spielzeit vor. Ich war zu dieser Zeit Mittelangreiferin.

Für mich fühlte es sich an, als hätte sich im Muskel eine Art Klumpen gebildet. So beschrieb ich es meiner Athletiktrainerin – in Deutschland würde man von einer Physiotherapeutin sprechen – und bat sie um Rat. »Da muss irgendetwas sein, es fühlt sich komisch an«, sagte ich zu ihr. Sie betastete mit ihren Händen die fragliche Stelle, spürte aber nichts, was sie alarmiert hätte, und sagte: »Es ist alles gut.«

Die Spannung blieb aber. Wie ein ungebetener Gast bei einer Party, der sich zwar ruhig verhält, aber doch irgendwie ein Störenfried ist und schlechte Stimmung verbreitet, weshalb man hofft, dass er schnell wieder geht.

Die Stelle hinderte mich zwar an nichts – ich hatte weder Schmerzen noch musste ich das Training abbrechen –, aber sie nervte. Die Verhärtung ließ mir keine Ruhe, trieb ihr Unwesen in jedem Training bis in den April hinein. »Da muss doch was sein«, dachte ich immer wieder. »Ich spüre es doch.«

Abermals sprach ich mit der Athletiktrainerin darüber.

»Ja, da ist tatsächlich etwas«, sagte sie nun, als sie mich erneut abtastete. »Lass deinen Hüftbeuger mal genauer untersuchen.«

Der Arzt schaute sich alles mit dem Ultraschall an und sagte, dass da ein Lymphknoten in der Leistengegend etwas auffällig sei. »Oje«, dachte ich, »was ist das nun wieder?«

Er veranlasste weitere Untersuchungen über die kommenden vier Wochen hinweg, weil er sichergehen wollte, dass sich nichts verändert oder der Lymphknoten wächst. Die vier Wochen vergingen, ohne dass sich etwas änderte. So wunderte mich auch nicht der Befund: alles okay, alles normal. Der Doc sagte: »Du bist jung und gesund. Und ein Lymphknoten kann schon mal dicker sein.«

Das beruhigte mich – doch der Lymphknoten blieb fühlbar und so machte ich einen neuen Arzttermin nach der Sommerpause aus.

Bis dahin versuchte ich, mir keine weiteren Gedanken über irgendwelche Laborergebnisse oder mögliche Diagnosen zu machen. Ich trainierte weiter und bereitete mich auf die neue Saison vor. Ich war hochmotiviert, denn ich war nach einem Art Probejahr endlich ein vollwertiges Mitglied des Teams geworden. Mehr noch: Ich gehörte sogar auf Anhieb zu den sechs Stammspielerinnen, die auf dem Platz standen, wenn der erste Satz eröffnet wird. Meine Vorfreude war so riesig wie das Empire State Building.

Die University of Alabama in Tuscaloosa liegt ungefähr eine Stunde von meinem Zuhause in Birmingham entfernt. Natürlich zog es mich zum Volleyballteam der Hochschule. Da ich aber – das System des Leistungssports bei uns in den Staaten unterscheidet sich deutlich vom deutschen – kein Sportstipendium hatte, musste ich den Chef-Trainer Ed Allen fragen, ob er mich überhaupt in seiner Mannschaft haben möchte. Der Coach hatte mich an der High School Volleyball spielen sehen, für ihn war danach klar, dass er mich als »Walk-on« akzeptiert, sollte ich auf seine Uni wechseln. Er sah enormes Potenzial in mir.

Wie gesagt: Das amerikanische Hochschulsystem folgt seinen eigenen Regeln, die in Deutschland seltsam erscheinen, in den USA aber ganz normal sind. Dazu gehören die sogenannten »Walk-ons«. Das sind Sportlerinnen und Sportler, die ein Trainer nicht selbst für sein Team ausgewählt hat, sondern die um einen Platz in der Mannschaft bitten müssen: »Hi Coach, kann ich bei dir mitmachen?«

Als »Walk-on« kriegt man kein Geld für das Studium. Aber man kommt wie der Rest der Mannschaft in den Genuss bestimmter Leistungen, zum Beispiel Physiotherapie und solche Sachen, die wichtig sind, um sich unter professionellen Bedingungen seinem Sport widmen zu können.

Ich hatte ja relativ spät damit begonnen, ernsthaft Volleyball zu spielen. Erst mit 17 Jahren. Zu Beginn des Studiums – das wird niemanden wundern – war ich deshalb technisch-taktisch ziemlich unausgereift, um es ein wenig euphemistisch zu formulieren. Ich könnte auch sagen: Ich war eine Anfängerin und war weit vom Niveau meiner Mitspielerinnen entfernt. Dafür war ich trotz meiner »nur« 1,80 Meter Länge athletisch und mächtig sprungkräftig. Ich brauchte relativ wenig Training, um Spitzenleistungen zu bringen. Vor allem konnte ich so hoch hüpfen, als hätte ich Sprungfedern in meinen Beinen. Bei Sprungtests konnte ich Gegenstände in 3,29 Metern Höhe berühren. Zum Vergleich: Der Basketballkorb hängt 3,50 Meter über dem Boden. Die anderen waren ganz neidisch auf mich. Meine besonderen Fähigkeiten waren auch meinem Trainer aufgefallen, weshalb ihn meine technisch-taktischen Schwächen nicht sonderlich irritierten, im Gegenteil: »Ich bin sicher, dass du dein Niveau schnell steigerst, wenn du weiter fleißig trainierst.« Er sollte recht behalten.

Das sogenannte Red-Shirt-Jahr ist noch so eine Merkwürdigkeit des amerikanischen College-Sports. Der Trainer kann jemandem für eine Saison ein virtuelles rotes Hemd überziehen. Während dieses Jahres ist man ein bisschen ein Sonderling, ein Diamant, der geschliffen wird. Denn man darf nicht an den Spielen der Uni-Meisterschaftsrunde teilnehmen, kann aber nach diesem Sabbatjahr vom Trainer für vier Jahre fest für sein Team verpflichtet werden.

Genau dieses unsichtbare rote Trikot trug ich also im ersten Jahr, um zu lernen und üben. Danach sollte ich dann voll einsteigen und – im wahrsten Sinne des Wortes – angreifen. Ich fand die Idee gut und willigte ein. Es folgte ein Jahr, in dem ich begriff, was Profi-Sport wirklich bedeutet. Ich trainierte jeden Tag hart und kontinuierlich mit der Mannschaft. Und bevor das Teamtraining losging, übte ich individuell mit meinem Coach eine halbe Stunde lang: Wir gingen die einzelnen Schlagtechniken durch und ich lernte, mich geschmeidig auf dem Volleyballfeld zu bewegen.

Die Anstrengung lohnte sich. Ich machte schnell große Fortschritte, auch was technische und taktische Feinheiten anging, und konnte es kaum erwarten, in der nächsten Saison endlich um Punkte mitspielen zu dürfen.

Die Spielzeit begann schließlich mit einem Turnier in New York. Ich spielte so gut, so dominant, dass mein Trainer anschließend sagte: »Eine Spielerin wie dich habe ich noch nie gesehen: Du hast bisher so wenig auf diesem Niveau gespielt und prägst trotzdem das Spiel, als hättest du nie etwas anderes gemacht.« Ich fühlte mich geschmeichelt und war selbst überrascht darüber, wie einfach mir diese schwierige und komplexe Sportart fiel.

Es lief wunderbar für mich, ich hatte das Gefühl, das ich schweben könnte, der Ball gehorchte mir, als hätte ich ihn dressiert. Auch beim Turnier in Miami, wo mich aber der Anruf des Arztes, der mich untersucht hatte, erreichte. Er hatte schlechte Nachrichten und sagte am Telefon: »Der Lymphknoten ist gewachsen.« Ich solle eine Biopsie machen, eine Gewebeentnahme. Und das hieß: Vielleicht ist doch nicht alles gut. Aber ich dachte in diesem Moment nicht an eine ernsthafte Erkrankung, an Krebs schon gar nicht. Das mag vielleicht merkwürdig klingen, aber ich war in diesen Dingen nach meinen ganzen Erfahrungen ein sehr optimistischer Mensch und dachte immer an das Gute.

Ich sorgte mich vielmehr darum, dass ich wegen der Biopsie zwei Wochen vom Sport befreit sein würde – eine schreckliche Vorstellung. Ausgerechnet in einer Phase, in der es so gut für mich lief. »Du kannst die Biopsie auch erst nach der Saison machen lassen«, fügte er hinzu. Es könne auch nichts sein. »Du bist jung und fühlst dich gesund.« Diesen Satz kannte ich schon von ihm. Er hatte ihn häufig verwendet, seit ich bei ihm wegen meiner Verhärtung in Behandlung war. Und in der Tat hatte ich mit meinen 19 Jahren keine weiteren Probleme – abgesehen von meinem nervigen uneingeladenen Partygast, dem festen Hüftbeuger. Ich bin deshalb heute auch nicht wütend auf den Arzt oder denke, dass er fachlich nichts draufhatte, überhaupt nicht. Er hatte damals alles getan, was er tun musste.

Als wir von Miami nach Tuscaloosa zurückkehrt waren, fragte ich meinen Trainer Ed Allen um Rat.

»Was soll ich tun?« Er schwieg und zuckte nur mit den Schultern. Ich entschied schließlich weniger mit dem Verstand, sondern mehr mit dem Herzen: Und das schlägt nun mal für den Sport. Also beschloss ich, den Eingriff nach der Saison vornehmen zu lassen.

Ich blendete den gewachsenen Lymphknoten und die bevorstehende Biopsie einfach aus, um mich aufs Volleyball und die Uni zu fokussieren.

Das gelang auch ganz hervorragend. Ich war voll drin im Hamsterrad aus Spielen, Vorlesungen und Seminaren. Mir fehlte schlichtweg die Zeit, an die Untersuchung zu denken. Vielmehr war ich im Höhenrausch: Meine Saison war formidabel, nie zuvor hatte ein Frischling an unserer Uni so erfolgreich gespielt. In unserer Mannschaft sammelte ich die meisten Punkte und wir qualifizierten uns erstmals nach Jahren wieder für die nationalen Meisterschaft – ein außergewöhnlicher Erfolg für die University of Alabama.

Meine statistischen Werte gehörten sogar landesweit zu den besten.

Vielleicht hört sich das für viele unverständlich und leichtsinnig an. Es gibt bestimmt sogar welche, die das für einen großen Fehler halten, die Untersuchung zu verschieben, um ja kein Volleyballspiel zu verpassen. Aber im Rückblick bin ich froh, dass ich mich für diesen Weg entschieden habe. Zu warten war die richtige

Entscheidung gewesen und sehr wichtig für mich, weil ich meine Teamkolleginnen besser und vor allem auch mich besser kennenlernte. Mir wurde klarer denn je, wer diese Krystal wirklich ist: eine starke junge Frau, die sich von niemandem und durch nichts einschüchtern lässt und unbeirrt ihren Weg geht.

Das erste Jahr auf der Uni, das Red-Shirt-Jahr, meine erste Saison in einem Team, hatte mich viel Kraft gekostet. Ich empfand die Zeit als richtig anstrengend und zermürbend, weniger körperlich, sondern vielmehr psychisch. Ich erinnere mich daran, wie sich Leute aus meiner Mannschaft Gedanken machten: »Was machen wir bloß mit Krystal?« Es gab diese Kommentare, bei denen so getan wurde, als wäre ich nur ein Netzpfosten, mit dem man sich nicht unterhalten könnte. Ich ärgerte mich darüber, weil es für mich so rüberkam, als sei ich als Mensch nicht zu greifen, eine Langweilerin. Ohne jede Persönlichkeit.

Meine Empfindungen führe ich darauf zurück, dass ich von Birmingham auf eine große Uni kam, die von weißen Menschen dominiert war. Ich war zurückhaltend, schüchtern, verunsichert. Ich wusste nicht, wie ich mich richtig verhalten sollte. Und dann hatte ich mich auch noch für eine Sportart entschieden, die ich erst vor kurzer Zeit professionell angefangen hatte. Das überwältigte mich alles, ich zog mich zurück und öffnete mich so gut wie gar nicht gegenüber meinen Mitspielerinnen. Ich schwieg sogar die meiste Zeit.

Umso wichtiger war das aufregende und hinreißend erfolgreiche zweite Jahr für mich. Ich stieg in der Achtung meiner Mitspielerinnen, mein Selbstvertrauen wurde größer, ich konnte mich öffnen und die anderen wussten meine Spielerqualitäten, aber auch meine Persönlichkeit zu schätzen. Ich traf mich auch außerhalb des Trainings mit einigen von ihnen und es entwickelten sich Freundschaften. Nicht verwunderlich also, dass ich die Sache mit der Biopsie vollständig aus meinem Kopf verdrängte, weil ich diese Spielzeit mit allen Erlebnissen in vollen Zügen genoss.

Wir hatten nach der Saison noch ein Turnier, in dem wir in der ersten Runde ausschieden. So stand nur noch die Uni auf dem Programm. Ich beendete meine Seminare und Vorlesungen und legte die Gewebeentnahme auf Mitte Dezember 2013, es muss der 12. oder 13. gewesen sein. Anschließend fuhr ich nach Hause: Weihnachten ist bei uns das Fest der Familie.

Dreieinhalb Wochen war ich bei meinen Liebsten, es war wie immer schön, harmonisch. Von der Biopsie erzählte ich ihnen aber nichts, auch nichts von dem geschwollenen Lymphknoten, der gewachsen war. »Mir geht es wunderbar«, antwortete ich auf Nachfragen meiner Mutter und Oma. Ich hielt es besser, das für mich zu behalten und niemanden damit unnötig zu belasten. Im Verdrängen war immer sehr gut, ich habe mir meine eigenen Welten geschaffen, meine eigene Realität, in der ich mich wohl und geborgen fühlte, wie früher mit den Büchern. Während der ganzen Weihnachtspause hatte ich keine Nachricht aus der Praxis erhalten.

In der ersten Januarwoche klingelte dann mein Telefon. »Wir schicken die Probe noch zu einem anderen Labor«, sagte die Frau. Und sang das Lied von der Sorglosigkeit. Ich sollte mir keine unnötigen Gedanken machen, das sei ganz normal und würde wegen der Feiertage alles ein bisschen länger dauern – so beendete sie das Gespräch. Ich kam dann aber doch ein wenig ins Grübeln, weil sie eine weitere Expertise einholen wollte, aber redete mir gleichzeitig ein, dass ich nichts Besonderes, nichts Dramatisches haben würde.

Ich hatte ja keine Beschwerden.

Der Unterricht begann wieder in der zweiten Januarwoche. Für den Donnerstag hatte ich einen Termin bei unserem Teamarzt

Craig Beuttner vereinbart, um zu schauen, was ich sonst noch tun könnte, um die Stressreaktion in meinem linken Schienbein zu behandeln – neben dem Hüftbeuger eine weitere Verletzung, mit der ich mich herumplagte.

Unseren Mannschaftsarzt nannten wir alle nur Dr. B. Er war für uns Spielerinnen die zentrale Anlaufstation, unsere Vertrauensperson in medizinischen Fragen und auch so etwas wie ein Seelsorger. Er kümmerte sich um alles. Ganz egal, ob es sich um eine Erkältung handelte oder wir einen Termin für eine Knieoperation benötigten.

Dr. B. hatte mir gegen die Stressreaktion zunächst einen medizinischen Gehstiefel für den Alltag verschrieben. Trotzdem durfte ich weiter laufen, springen und Bälle schlagen. Die Verletzung störte mich also nicht groß.

Eine Woche vor Vorlesungsbeginn suchte mich dann meine Athletiktrainerin Leigh Waters auf. Leigh war eine fröhliche Person – sie hatte eigentlich immer gute Laune und ein lockeres Mundwerk. Aber diesmal war sie ganz still, irgendwie abwesend. Als sie mir erzählte, dass mein Termin bei Dr. B. zwei Tage vorverlegt werden würde, begann ich zu ahnen, wieso sie so traurig war. Ich musste jedes Wort einzeln aus ihr herauspressen, als hätte sie die schlimmen Worte allesamt verschluckt. Meine heile Welt geriet aus den Fugen, als sie sagte: »Bring deine Eltern mit.«

In dem Moment wusste ich: Es war Krebs. Ich merkte, wie sich innerlich alles zusammenzog und mein ganzer Körper zu zittern begann, zunächst die Beine, dann die Knie, die Anspannung zog über die Oberschenkel weiter nach oben. Nun waren auch die Arme, meine Hände und die Finger betroffen. Ich weinte nicht, aber meine Augen wurden feucht. Gleichzeitig versuchte mein Verstand gegen die Nachricht anzukämpfen. Doch das war wohl mehr ein Aufbegehren gegen das Unvermeidliche – wie jemand, der über das Wetter klagt, aber weiß, dass er es nicht ändern kann. Man macht es halt trotzdem.

Meine Mutter und meine Tante Rosalind kamen zum Gespräch mit dem Teamarzt nach Tuscaloosa mit, ebenso Coach Ed und Leigh. Auf der Fahrt sprachen wir kaum. Es war leise im Auto, eine konzentrierte Stimmung, wie sie vor entscheidenden Momenten im Volleyball entstehen. Wenn die Zeit stillzustehen scheint und alle Zuschauer aufgeregt ihren Atem anhalten, weil sie gespannt darauf warten, was nun im nächsten Ballwechsel passieren wird – Matchball für die eigene Mannschaft oder doch Satzball für den Rivalen.

Dr. B. kam also zur Tür herein und sagte mit freundlicher und mitfühlender Stimme, aber doch ohne Umschweife: »Die gute Nachricht ist: Dein Schienbein ist fein. Die schlechte Nachricht ist: Du hast Krebs.«

Meine Tante weinte sofort, meine Mama starrte entgeistert an die Decke. So, als ob sie da oben eine göttliche Botschaft suchen würde, wie man mit solch niederschmetternden Nachrichten leichter umgehen könnte. Und ich? Fragte mich in diesem Moment nur: Was wird nun? Mit lauter fester Stimme entgegnete ich Dr. B.: »Was machen wir jetzt? Um welchen Krebs handelt es sich?«

Er erklärte mir die genaue Diagnose. Ich hatte ein Hodgkin-Lymphom, eine bösartige Erkrankung am lymphatischen System, die vor allem Jugendliche und junge Erwachsene heimsucht. Dann erklärte er mir das weitere Vorgehen. Ich sollte zu einem Krebsspezialisten, der die therapeutischen Schritte festlegen würde und mit mir bespricht. Dazu musste erst einmal geklärt werden, in welchem Stadium der Krebs war, um dann die bestmögliche Behandlung festzulegen.

Dr. B. erzählte das alles in einem sanften Tonfall – er versuchte, mich, meine Mama und meine Tante gleich zu beruhigen, indem er detailliert erläuterte, dass es eine gute, heilbare Krebsart sei, wenn man sie früh erkannte.

»Die Chancen stehen gut für dich.« Seine Ruhe strahlte auf mich aus, ich konnte klar denken und war weit davon entfernt, zu verzweifeln oder gar durchzudrehen. Es gab auch keinen Raum für solche Gefühle, denn es stand sofort eine Entscheidung an, nämlich an welchem Ort ich mich behandeln lassen wollte.

Sollte die Behandlung in Birmingham bei meiner Familie stattfinden oder sollte sie in Tuscaloosa sein? Ich entschied mich sogleich für die Stadt meiner Uni. Für mich war wichtig, dass ich weiter trainieren und die Seminare besuchen konnte – mein Leben sollte sich so wenig wie möglich ändern.

Meine Mama wusste, dass ich mir so etwas genau überlege, ehe ich eine Entscheidung treffe. Sie ließ es deshalb sein, mich überreden zu wollen, doch nach Hause zu kommen. Was ihr lieber gewesen wäre. Später, kurz vor Beginn der Chemotherapie, fragte sie deshalb noch einmal nach, ob ich nicht nach Birmingham kommen wolle. In eine vertraute Umgebung. Ich blieb in Tuscaloosa.

Zunächst hieß es allerdings am Tag der Diagnose: Abschied nehmen nach dem Schock.

Meine traurige Mutter fuhr wieder nach Hause, doch Rosalind kündigte kurzfristig an, bei mir zu bleiben. Zumindest für eine Nacht. Meine Tante spürte, dass ich nicht so emotional ausgeglichen sein konnte, wie ich tat. Dass ich so gefasst wirkte, so ungewöhnlich ruhig, nahm sie mir nicht ab.

Wir waren fast an der Eingangstür meiner Studentenbude angekommen, als ich meine Tante hinter mir mit meinem Cousin telefonieren hörte. Sie flüsterte, aber nicht leise genug, um sie nicht zu verstehen. »Krystal hat Krebs«, erzählte sie. In diesem Moment sackte ich zusammen, innerlich und körperlich, ich musste mich an die Wand lehnen, um nicht zusammenzubrechen. Ein paar Meter vor der Wohnungstür fing ich an zu weinen. Meine Tante eilte zu mir, um mich zu stützen. Sie führte mich langsam in mein Zimmer, nahm mich in den Arm und sagte: »Du wirst bestimmt wieder ganz gesund werden, mein Schatz.« In diesem Moment war ich unendlich dankbar für das Feingefühl meiner Tante.

Nach ein paar Minuten hatte ich mich wieder gefangen und fing an, mir Gedanken darüber zu machen, wen ich alles über meine deprimierende Diagnose informieren sollte. Ich begann, Textnachrichten an all jene zu schreiben, die mir wichtig waren und sind. Dem Rest meiner Familie erzählte ich es als Erstes. Meine Oma rief ich an, damit sie es nicht über eine nackte SMS oder eine ihrer Töchter erfuhr, sondern meine Stimme hören, mich fragen und Trost spenden konnte. Meine Grandma sagte nicht viel, sie atmete schwer, es war fast ein Stöhnen. Aber ein Satz von ihr ist mir in besonderer Erinnerung geblieben: »My Darling«, sagte sie, »wir haben schon so viel gemeinsam durchgestanden, wir schaffen auch das.« Ihre Zuversicht tat mir gut.

Außerdem überlegte ich, wie ich es meinem Team beibringen sollte – und war so schnell wieder von rationalen Gedanken getrieben und weinte auch nicht mehr. Blickte nach vorn.

Gleich beim ersten Training wollte ich meine Mannschaft von der Diagnose erzählen, damit alle den gleichen Stand hatten. Es fiel mir unheimlich schwer, diesen Satz auszusprechen: »Ich habe Krebs.« Sofort fingen meine Augen an, feucht zu werden und ich konnte meine Tränen nicht mehr zurückhalten. Einige meiner Sätze gingen im Schluchzen unter. Ich hielt immer wieder inne, um mich zu sammeln, zu sortieren. Es war nicht leicht für mich, in der Kabine zu stehen und durch meine verheulten Augen in die Gesichter meiner Mitspielerinnen zu blicken, deren Mienen sich mit jedem Satz aus meinem Mund weiter verfinsterten. Manche fingen ebenfalls an zu weinen, die Nachricht war auch für sie zu viel.

»Ich weiß selbst nicht genau, was auf mich zukommen wird«, sagte ich ihnen. Als ich ausgeredet hatte, kamen alle zu mir her. Jede Einzelne umarmte mich herzlich und wünschte mir alles Gute.

In den Tagen danach besuchte ich einen Onkologen am Zentrum für Krebskrankheiten in Tuscaloosa, das in der Nähe der Uni lag. Er machte Tests, ein umfassendes Blutbild, eine Knochenmarkbiopsie, alles, um rauszufinden, in welchem Stadium der Krebs war und welche Therapie in welcher Zeit die beste wäre. Es war nicht die erste Knochenmarkentnahme, die ich über mich ergehen lassen musste. Ich lag mit angewinkelten Beinen auf der Seite und wurde örtlich betäubt. Durch die Haut wird eine Nadel eingeführt, ein wenig Knochenmark und Blut daraus entnommen. Der Vorgang ist nicht so schmerzhaft wie bei einer Knochenmarkspende, aber auch nicht ganz ohne. Es fühlt sich an, als ob man tatsächlich spüren würde, wie das Mark aus dem eigenen Körper entweicht und plötzlich im Knochen ein Vakuum entsteht.

Ich begann aus dem Nichts zu lachen. Die Ärzte und Krankenschwestern waren irritiert und schauten mich verwirrt an. Vielleicht dachten sie, ich sei irre geworden. Was ich inzwischen verstehe. Sie waren wohl ein wenig verunsichert. Denn woher sollten sie wissen, dass der Umgang mit starken Schmerzen für mich normal war und ich deshalb diesen Lachanfall bekam. Sie waren so etwas wie gute alte Bekannte, die mich auf meinem gesamten Lebensweg treu begleiten. Doch das den Ärzten zu erklären, wäre mir zu der Zeit unmöglich gewesen.

Die Ergebnisse der Biopsie klangen im ersten Moment nicht gerade rosig: Mein Hodgkin-Lymphom hatte schon die dritte von vier Stufen der Krebsentwicklung erreicht. Das bedeutete, dass sich bei mir auf beiden Seiten des Zwerchfells bereits Metastasen gebildet hatten. Allerdings glücklicherweise nicht in den Knochen, sondern an weiteren der 600 bis 700 Lymphknoten, die ein Mensch überall im Körper hat. Vor allem in der linken Leistenregion, wo ich als Erstes die Beschwerden gehabt hatte, sowie an der Hüfte und in meiner Brust. Außerhalb des lymphatischen Systems hatten sich zudem Nasenpolypen entwickelt, fleischige Wucherungen der Nasenschleimhaut.

Mein Mannschaftsarzt Dr. B. hatte mir ja schon erklärt, warum die Heilungschance beim Hodgkin-Lymphom sehr hoch sei, wenn man den Krebs frühzeitig erkannte. »Aber selbst im dritten und sogar im vierten Stadium«, erläuterte der Onkologe, »ist die Aussicht auf vollständige Heilung recht gut.«

Eine Bestrahlung reichte allerdings nicht mehr aus, ich brauchte bereits eine Chemotherapie. Die Ärzte entschieden sich für eine Behandlung, die mit ABVD abgekürzt wird. Die Buchstaben stehen für die enthaltenen Wirkstoffe Adriamycin, Bleomycin, Vinblastin und Dacarbacin. Ergänzt durch ein weiteres Arzneimittel, Rituxin, weil ich an einer speziellen Art des Hodgkin-Lymphoms litt.

Um mit der Chemotherapie beginnen zu können, mussten noch einige Dinge geklärt und abgestimmt werden. Etwa, ob ich einen Portkatheter für die Dauer der Therapie bevorzugen würde. Wie jeder Fremdkörper in einem Menschen birgt ein Port das Risiko einer Infektion, sodass immer sorgfältig abgewogen werden muss, ob der Nutzen stärker wiegt als die Gefahr. Der Vorteil ist, dass so ein Ding längere Zeit fest im Körper bleiben kann und man Eingänge für Infusionen nicht immer wieder neu suchen muss. Ich stimmte dem Verfahren zu, weil es bei mir schon immer schwierig war, eine Vene zu finden. Eine Stunde, um eine

Ader zu finden, ist definitiv kein schönes Vergnügen. Aus diesem Grund war es besser, einen Port zu nutzen. Außerdem können mit der venösen Chemotherapie Nebenwirkungen verringert werden, weil die Medikamente direkt in das Portsystem fließen.

Der Katheter wurde mir in das Unterhautfettgewebe der rechten Brust implantiert. Der kleine Eingriff geschieht ohne Vollnarkose.

Vor Behandlungen oder Operationen hatte ich bisher immer nachgeschlagen, was medizinisch auf mich zukommen würde, um besser damit umgehen zu können. Diesmal nicht.

Ich kann mich genau an das Gefühl erinnern, als ich auf dem OP-Tisch lag und mir den Kopf darüber zermarterte, ob alles gut läuft. Der Druck in der Brust, den ich plötzlich spürte, verursachte ein merkwürdiges Gefühl. Die Ärzte und Krankenschwestern versicherten, dass alles gut gegangen sei. »Ruhe dich ein paar Tage zu Hause aus, ehe die Chemotherapie beginnt«, sagten sie mir. Nach einem kurzen Schlaf wachte ich mit Schmerzen auf, die so stark waren, dass ich einen Arzt anrief. Ich hatte Angst.

Erst in diesem Moment realisierte ich, dass das der Anfang einer intensiven Behandlung war.

Es war doch nicht bloß ein harmloser Schnupfen, den ich mir da eingefangen hatte. Es war alles viel größer und gefährlicher, der Krebs war ein schier übermächtiger Gegner. Aber ich nahm das Duell an, Schritt für Schrit wollte ich ihn bezwingen. Ich bin kein Fan von Kriegsmetaphern im Sport, aber hier passte der Vergleich: Ich wollte ihn killen.

Der Arzt verschrieb mir Paracetamol gegen die Schmerzen. Daraufhin schaute ich nach, was es mit dem Katheter wirklich auf sich hatte. Man hatte mir ein Schlauchsystem eingesetzt, dessen Ende in einem großen, herznahen Blutgefäß liegt. Das äußere Ende ist über eine unter der Haut befestigten Klammer mit einer

Nadel zugänglich, darüber fließen die Medikamente ein oder es kann Blut abgenommen werden.

Nun begriff ich, woher der Druck kam, den ich nach wie vor verspürte: Es war der Katheter, der unter meiner Haut vergraben worden war. Das war die erste Hürde, die ich nicht richtig bedacht hatte. Ich wollte ja die Behandlung auch deswegen in Tuscaloosa machen, um weiter mit meiner Mannschaft trainieren zu können – so jedenfalls hatte ich mir das vorgestellt.

Aber jetzt konnte ich schon nach der vorbereitenden Maßnahme für die Therapie kaum meinen Kopf drehen, weil ich so krasse Schmerzen hatte. Ich musste mich der Wirklichkeit stellen und eingestehen: Volleyball zu spielen, das war gerade ein Ding der Unmöglichkeit. Meinen Mitspielerinnen dabei zuzuschauen, wie sie trainierten, war das Einzige, was ich hinbekam. Mein Körper musste sich – eine der wenige Male in meinem Leben – geschlagen geben. Auch mein Wille half hier nicht mehr. Nun waren Geduld und Zuversicht gefragt.

Endlich konnte die Chemotherapie beginnen, die Kosten hatte meine Krankenversicherung vollständig übernommen. Das ist in den USA nicht selbstverständlich. Wir haben ein ziemlich kompliziertes Gesundheitssystem. Doch mit der Einführung von Obamacare im Jahre 2010 ist es für viele Amerikaner erschwinglicher geworden, eine Krankenversicherung abzuschließen. Ich hatte das Glück, dass ich schon nach meiner Geburt eine sehr gute hatte, die mich bis zum Ende meines Studiums sicher und zuverlässig beschützt und begleitet hat.

An der Universität musste ich während der Therapie einige Kurse tauschen oder ausfallen lassen, die nicht zu wichtig waren, oder ich belegte sie online, um einen Tag in der Woche frei zu haben für die Behandlungen. Ich war weiterhin eine Vollzeitstudentin, konzentrierte mich nun aber auf den Bachelor in Biologie,

Genetik und Ökologie. Weniger war nun mehr, auch wenn mir das schwerfiel.

Die Chemotherapie umfasste sechs Runden mit jeweils zwei Sitzungen, also zwölf insgesamt, wovon eine Runde vier Wochen dauerte. Und ich musste alle zwei Wochen ins Krankenhaus gehen. In den ersten sechs Wochen bekam ich zusätzlich Rituxin verabreicht, sodass ich in dieser Zeit wöchentlich kommen musste.

Vor meiner ersten Sitzung nahmen sie zunächst Blut ab, um zu überprüfen, ob ich die Chemotherapie wirklich starten konnte. Genau in dem Moment bekam ich entsetzliches Nasenbluten. Das Blut floss nur so aus der Nase, während mir gleichzeitig Blut aus der Kanüle gezogen wurde. Die Krankenschwestern waren fix und fertig, weil es einfach nicht aufhörte, während ich abwiegelte: »Das habe ich öfter mal. Das ist nichts Besonderes.«

Eine Krankenschwester fragte: »Echt? Seit wann denn?«

Ich erinnere mich daran, dass ich keine Symptome hatte, die auf Krebs hindeuteten – abgesehen von dem geschwollenen Lymphknoten am Hüftbeuger. Nichts, was mir aufgefallen wäre. Aber nun, da sie mich fragte, fiel mir ein, dass ich schon als Jugendliche hin und wieder massives Nasenbluten bekommen hatte. Aber ich dachte mir nichts dabei. Und nun, an Tag eins meiner Chemotherapie, blutete es wie verrückt aus meiner Nase. Ich dachte schon, ich könnte die Behandlung nicht beginnen. Doch zum Glück konnte das Krankenhauspersonal die Eruption stoppen.

Nun konnte es losgehen. Meine Mama, meine Physiotherapeutin und mein Cheftrainer begleiteten mich zur ersten Sitzung.

Das Erste, was die Ärzte taten, war, mir zwei Medikamente zu geben, die mir gegen Übelkeit helfen und sicherstellen sollten, dass ich mir nichts einfange, dass die Chemotherapie in Gefahr bringen könnte. Das eine Mittel war Benadryl, so heißt es in den USA. In Deutschland ist es unter Diphenhydramin bekannt, ein Arzneistoff aus der Klasse der H1-Antihistaminika. Es sorgt dafür, dass die Wirkung des Hormons Histamin abgeschwächt oder aufgehoben wird. Das andere Mittel war Diphenhydramin. Es kam früher in der Therapie von Allergien zur Anwendung; heute wird es in Deutschland nur noch als Beruhigungsmittel sowie bei Übelkeit und Erbrechen eingesetzt. Mir haben sie es über den Katheter in den Körper gespritzt und ich erinnere mich daran, dass es bei mir wie eine Betäubung wirkte, weil ich sofort eingeschlafen bin. Die Mediziner gaben es mir deshalb, weil die eigentlichen Medikamente gegen den Krebs allergische Reaktionen hervorrufen können. Das Personal ließ sie nur ganz langsam in meine Blutbahn tröpfeln, um zu erwartende Nebenwirkungen abzuschwächen. In homöopathischen Dosen, wenn man so will.

Und so dauerte es den ganzen Tag, bis ich durch war mit dem Programm. Von acht Uhr morgens bis vier Uhr nachmittags. Ich weiß nicht mehr, ob ich am ersten Tag der Chemo schon alle vier Medikamente bekam, ich musste jedoch am nächsten Tag gleich wieder um acht Uhr antreten für weitere vier Stunden Behandlung. Eine der vier Arzneimittel nannte man »das rote Todesmittel«, weil es die Fähigkeit hat, den Krebs zu killen. Es steckte in einer furchteinflößend großen Spritze.

Durch die ganzen zusätzlich eingeführten Flüssigkeiten füllte meine künstliche Blase sich rasch. Mein Urin war hellrot.

Während dieser ersten Sitzungen der Chemotherapie war ich in guter Stimmung. Ich lernte für die Uni, besuchte den Spanisch-Kurs, den ich unbedingt beenden wollte, und schlief viel, selbst dann, wenn meine Mom oder mein Trainer während einer Behandlung mit im Zimmer saßen. Die Chemotherapie raubte mir meine ganze Kraft. Trotzdem weiter positiv zu bleiben, war noch anstrengender. Aber ich versuchte es, weil ich wusste, dass ich noch eine lange Reise vor mir hatte.

Ein Hund half mir gelegentlich dabei, den ich streichelte und mit dem ich spielen durfte, während ich die Infusionen bekam. Und es gab Kekse, die ganz vorzüglich waren. Die Gerüche und Geschmäcke werde ich nie vergessen. Sie waren plötzlich da, wenn Medikamente durch den Katheter rannen, mir Blut entnommen wurde oder ich eine Kochsalzlösung bekommen hatte. Ich empfand es als seltsam, die Kochsalzlösung sofort im Mund zu schmecken, während sie langsam durch den Katheter floss. Irgendwie schafften es die Therapiemittel in meinen Mund. Meine Zunge war total angegriffen von den starken Mitteln. Sie war komplett entzündet, es fühlte sich an, als ob ich permanent auf kleinen Kieselsteinchen kauen würde.

Noch heute kriecht mir dieser metallische, unangenehme Geschmack in meinen Rachen, wenn ich Reinigungs- oder Desinfektionsmittel benutze.

Wenn ich freitags das Krankenhaus verlassen durfte und meine Mama abgereist war, kehrte ich heim in mein Studentenzimmer. Ich musste mich das ganze Wochenende über erholen, schlief viel oder versuchte es wenigstens. Ansonsten hatte ich damit zu tun, mit der ganzen Situation einigermaßen klarzukommen.

Vor allem mein Appetit war plötzlich völlig durcheinandergeraten. Alles, was ich bis dato mochte, konnte ich nicht mehr ertragen, insbesondere den Geruch. Zum Beispiel von Brokkoli. Das war immer mein Lieblingsgemüse gewesen. Inzwischen kann ich es wieder essen, aber es zu riechen, empfinde ich immer noch als unangenehm. Wenn ich mir zu dieser Zeit etwas kochte, dann ganz einfache und gewöhnliche Gerichte, Reis mit Fleisch beispielsweise. Aber im Großen und Ganzen hatte ich keine großen

Nebenwirkungen. Auch nicht, als ich das fünfte Medikament verabreicht bekam.

Mein Körper gewöhnte sich an die Chemotherapie. Mein Alltag bekam wieder so etwas wie einen Rhythmus. In den ersten sechs Wochen ging ich jeden Donnerstag ins Krankenhaus, am Freitagmorgen durfte ich es verlassen. Nach rund einem Monat konnte ich wieder Volleyball spielen, was wichtig für meine Psyche war. »Schön, dass du zurück bist«, sagten meine Mitspielerlinnen zu mir, als ich in die Trainingshalle kam. Mit ihnen zu trainieren, zusammen zu sein und Spaß zu haben, war immer ein Lebenselixier, genauso wie der Volleyball selbst, der mir Halt und Struktur gab.

Aber gleichzeitig staunten sie alle, dass ich das Pensum wirklich durchziehen wollte. An Samstagen nahm ich sogar bei Meisterschaftsspielen teil.

Wie ich das schaffte, ist mir selbst bis heute etwas unheimlich. Meine Grandma behauptete ja, dass ich wie Obelix als Kind in den Topf des Druiden Miraculix gefallen sein musste und deshalb über übernatürliche Kräfte verfüge. Ich habe aber keine Superkraft. Es ging ganz ohne Hexerei oder den Fläschchen von Miraculix, die er immer wieder Asterix verabreicht hatte. Meine nüchterne und zaubertrankfreie Erklärung ist: Mein Körper hatte sich schneller, als ich selbst glaubte, auf die Belastungen der Chemo eingestellt, der Rest war purer Wille. Ich hatte wieder medizinische Grenzen verschoben, wie so oft in meinem Leben. Mit allen positiven und negativen Konsequenzen. Ich wollte das Spiel meines Lebens unbedingt gewinnen.

Aber natürlich war ich nach einer Partie auch erschöpfter als meine Mitspielerinnen. Die Chemo raubte mir sehr viel Energie – so viel, dass ich manchmal nicht einmal mehr den Kopf heben konnte, um auf meinem Handy Nachrichten zu lesen oder zu telefonieren.

Ich war einfach vollkommen erledigt, sodass ich sonntags mein Sofa nur für den Pizzaboten verließ.

Selbst am Montag war ich noch kaputt, aber ich raffte mich immer auf und ging zum Training und zur Uni. Erst dienstags fühlte ich mich wieder wohl in meinem Körper. Und dann war auch schon wieder Donnerstag, wo alles neu begann.

Als ich im Sommer 2023 zu Hause in Birmingham war, fand ich Postkarten, die mir Menschen während meiner Chemotherapie geschrieben und zugeschickt hatten. Normalerweise bin ich jemand, der sich detailliert an jede Kleinigkeit erinnern kann. Aber als ich die Karten las, merkte ich erst, was ich alles über diese schwere Phase vergessen hatte. Das sagt schon viel über die intensive Zeit aus: Ich spielte zwar weiter Volleyball, aber es war mental sehr viel belastender, als ich es mir damals zugestehen wollte. Schon die Diagnose hatte ich lapidar hingenommen, als würde mir jemand sagen, dass es morgen gewittern würde. Auch vor der ersten Chemotherapie war es so, ich drückte es weg. Wie so oft habe ich alles mit mir selbst ausgemacht. Ich habe an dem Abend mit Rosalind geweint, als ich es meiner Mannschaft sagte, und dann nur noch sehr, sehr selten.

Nach sechs Wochen kam die Zeit, wo ich nur noch jede zweite Woche zur Chemo musste. Ich freute mich immer wieder auf das Wochenende zwischen den Behandlungen, an dem ich mich normal fühlte, nicht müde und ausgelaugt war, weil ich davor keine Therapie hatte.

Mein Trainer und meine Physiotherapeutin begleiteten mich weiter zu jeder einzelnen Sitzung, auch immer jemand aus meiner Familie. Meine Tante Rosalind, meine Mama, mein Bruder. Mal hatte ich ein eigenes Zimmer, dann wieder war ich in einem größeren Raum mit anderen Patienten zusammen. Ich sprach während der Zeit viel mehr mit meiner Familie als sonst. Ich war gegenüber meinen Liebsten stets verschlossen gewesen. Und redete lieber über Belangloses, über Sportergebnisse oder das Essen bei Oma, als wirklich mein Inneres nach außen zu kehren. Aber während der schweren Zeit unterhielt ich mich öfters mit ihnen, erzählte ihnen, wie es mir ging, was ich gerade fühlte.

Sie waren sehr besorgt um mich, sie sprachen es zwar nicht aus, aber ich spürte, dass sie alle Angst hatten, dass ich sterben könnte. »Ich schaffe das alles, ich werde wieder gesund«, sagte ich stets. Dass immer einer von ihnen bei mir war, tat mir unheimlich gut.

Auch meinem Trainer Ed Allen bin ich zutiefst dankbar. Ich weiß es sehr zu schätzen, dass er mich über Wochen und Monate unterstützte. Wir haben heute keinen Kontakt mehr, nicht mehr miteinander gesprochen, seit ich die Universität verlassen habe, weil sich in meinem letzten Jahr an der Uni die Dinge in eine seltsame Richtung entwickelt haben. Mehr und mehr verwickelte er mich in politische Gespräche, während wir eigentlich trainieren sollten. Das ärgerte mich. Es ging um Polizeigewalt an Schwarzen oder die Wahl von Donald Trump. Darüber unterschiedlicher Meinung zu sein, ist völlig okay für mich. Aber die Spannungen vergrößerten sich, als er schwarze Menschen wie mich ganz allgemein diskreditierte. »Ihr seid alle gleich«, sagte er zum Beispiel. Ich ging ihm fortan aus dem Weg. Offenbar war ich nicht die Einzige, die Unbehagen empfand. Er musste irgendwann die Mannschaft und die Uni verlassen, da war ich allerdings schon nicht mehr dort. Während meiner Chemo aber war er ein wichtiger Ratgeber gewesen, der fest an meiner Seite stand.

Auch meine Physiotherapeutin Leigh Waters half mir, optimistisch zu bleiben und mich nicht herunterziehen zu lassen.

»Geh tanzen und versuche zu leben«, sagte sie immer zu mir. Sie brachte mich zum Lachen mit ihrer humorvollen Art und ihren blöden Sprüchen. »Zum Friseur musst du gerade nicht gehen«, sagte sie zum Beispiel.

Mit Nebenwirkungen hatte ich tatsächlich Glück. Ich verlor nicht so viele Haare, dass ich meinen Kopf hätte rasieren müssen. Ich musste nur aufpassen, wie ich meine Haare trug, um die wenigen kahlen Stellen zu bedecken. Und übergeben musste ich mich gar nicht. Dafür nahm ich stark ab. Aber das war okay für mich. Alles in allem muss ich sagen: Ich habe – bis auf wenige Harnwegsinfektionen – alles ganz gut überstanden.

Das Schwerste für mich war der Diätplan, an den ich mich zu halten hatte, weil ich vorher für zwei Leute aß – vor allem Proteine. Und nun musste ich mich bei den Kohlenhydraten zügeln. Ich war deshalb immer hungrig.

Ich erinnere mich daran, wie eine meiner Teamkolleginnen mir einen Hühnersalat mitbrachte. Den durfte ich essen, was sie sich offensichtlich gemerkt hatte. Dabei war ich mit ihr gar nicht so dicke. Aber der Salat zeigte, dass sie an mich gedacht hatte.

Eine andere Mitspielerin brachte mir mitten in der Nacht Medikamente, weil ich nach meiner ersten Chemotherapie-Sitzung eine furchtbare Harnwegsinfektion bekam, Fieber hatte und keine Energie mehr besaß, um mir selbst helfen zu können. Die Unterstützung meiner Mannschaftskolleginnen war wirklich großartig und werde ich ihnen nie vergessen.

Und natürlich halfen mir meine Freunde. Ich war offener zu ihnen in dieser schwierigen Zeit, erzählte mehr über mich, so wie ich es bei meiner Familie getan hatte. Mein Ziel war, ein möglichst normales Leben zu leben an den Tagen, an denen ich nicht antriebs- und energielos war. Ich ging auf Konzerte oder traf mich mit Mitspielerinnen zum Essen oder zum Galentine's Day, an dem die Frauen das Frausein feiern. So gut es eben ging, lenkte ich mich ab und hatte Spaß.

Immer wieder gab es aber Augenblicke der Angst. Vor allem machte ich mir Sorgen, krank zu werden. Vor jeder neuen Chemositzung wurde mein Blut getestet, um sicherzugehen, dass ich bereit bin für die nächste Behandlung. Also durfte ich mir auf keinen Fall eine Infektion einfangen, damit es weitergehen konnte.

Meine Panik war so groß, dass ich in den Seminaren eine Maske, Schal und Mütze trug. Die Kommilitonen schauten mich an, als wäre ich verrückt geworden. Hinter meinem Rücken tuschelten sie: »Schaut mal, bei Krystal ist es wieder Winter mitten im Sommer.« Mir war das völlig egal. Im Rückblick finde ich es sogar lustig, weil Masken als Schutz vor Viruserkrankungen während der Covid-19-Pandemie normal geworden sind. Damals auf dem College und dem Campus war ich der Hingucker, Unibekannt als die Frau, die überall mit Maske herumlief. Nicht alle wussten, dass ich Krebs hatte.

Dann kam der 24. April 2014.

Ich werde dieses Datum mein Leben nicht mehr vergessen. Ein absoluter Glückstag, einer der bewegendsten in meinem Leben. Der Onkologe sprach lediglich einen Satz zu mir, sechs Wörter nur, die mich aber berührten, wie nie zuvor etwas in meinem Leben: »Du hast eine vollständige Remission erreicht«, sagte der Doc zu mir.

Nach drei Monaten Behandlung war ich also geheilt. Der Tumor war zerstört und verschwunden.

Das war eine riesengroße Sache, auch medizinisch, wie mir meine Ärzte erklärten. Es gab keine Anzeichen mehr für den Krebs, ich hatte ihn erledigt, auch wenn die Chemotherapie noch nicht zu Ende war. Ich wusste nicht, was noch auf mich zukommen würde und wie sich die Dinge entwickeln würden, aber ich war einfach nur froh und glücklich darüber, dass ich die härtesten Etappen der Reise hinter mir und den Kampf gegen den Krebs gewonnen hatte.

Mit meiner Familie feierte ich diesen Tag wie einen zweiten Geburtstag. Sie waren alle erleichtert und fragten mich: »Worauf hast du Lust?« Ich hatte einen unbändigen Appetit auf Meeresfrüchte und deswegen gingen wir Hummer essen. Und als mein Trainer davon hörte, dass ich Hummer mochte, kündigte er eine große Grillparty bei sich zuhause an – für mich und die gesamte Mannschaft, wenn ich meine Chemo im Juli beendet haben würde. Das Barbecue fand tatsächlich statt, ich bekam meinen Hummer, den der Coach spendierte. Noch immer konnte ich mein Glück nicht fassen. Es dauerte, bis ich alles vollends verstanden hatte und in meinem Kopf angekommen war, dass der Albtraum Krebs vorbei war. Dazu passte das herrliche Grillfest, auch weil der letzte Teil der Chemotherapie recht heftig gewesen war.

Es war schwer für mich, die Behandlung nicht abzubrechen, im Wissen, schon geheilt zu sein. In meinem Kopf kämpften Teufelchen und Engelchen miteinander, Das Teufelchen sagte: »Hör' auf mit der Chemotherapie, du bist geheilt.« Das Engelchen erwiderte: »Bring' es zu Ende, damit alles gut wird.« Immer wieder gab es Streit zwischen den beiden. Ich habe es schließlich durchgezogen, weil ich mich festhielt an dem wunderbaren Gedanken, wieder vollständig genesen zu sein. Die Remission betrachtete ich als Geschenk des Himmels, das mir die nötige Zuversicht, das Durchhaltevermögen und die Kraft gab, die Behandlung so zu beenden, wie sie die Ärzte für richtig hielten.

Nur einen Monat nach dem Ende der Chemo begann die neue Spielzeit.

Ich spielte die beste Saison meiner College-Karriere.

KAPITEL 10

PANIKATTACKEN NACH MEINER ERFOLGREICHSTEN SAISON

Menschen, die auch auf eine große Leidenszeit zurückblicken oder noch mittendrin stecken, und meine Geschichte kennen, sprechen mich oft ganz gezielt darauf an. Sie wollen Tipps oder irgendeine Lebenshilfe von mir, sie sind von meiner Mentalität beeindruckt. »Es scheint bei dir so, als könne dich nichts aufhalten«, sagte gerade vor kurzem wieder jemand zu mir. »Wie hast du es geschafft, all diese schweren Krisen zu durchstehen und deine Erkrankungen zu überwinden?«

Ich antworte dann in der Regel: »Es gibt kein Geheimnis oder diese oder jene Mentalität, die besser ist als die andere. Ich bin selbst noch auf der Suche.«

Ich habe tatsächlich keine Ahnung, was ich genau sagen soll. Ich kann mich auf den Punkt zusammenreißen, aber kann man das lernen? Das in der Kombi mit meiner unbändigen Überzeugung, alle Dinge schaffen zu können, und die dafür erforderliche Energie aufzubringen – selbst, wenn die Probleme noch so ausweglos erschienen, scheint aber wohl so etwas wie mein Erfolgsrezept.

Woher meine Energie kam? Keine Ahnung. Sie war einfach da. Ich machte einfach immer weiter, als wären meine Probleme klein und folgenlos. Diese Hast, diese Ruhelosigkeit waren ein weiterer Antrieb. Ich hatte einfach keine Lust dazu, innezuhalten und mich mit den schlimmen Dingen, die ich durchmachte, ernsthaft auseinanderzusetzen. Ich wollte das Leid nicht spüren oder mich von meinen Liebsten umarmen und umsorgen oder viel schlimmer noch: mich bemitleiden zu lassen. Nicht eine Minute lang.

Es gab während meiner Krebserkrankung im Jahre 2014 nur zwei, drei Momente, in denen ich wirklich nicht mehr konnte. Alles war nur noch düster in mir, mich umgab eine bleierne Schwere, die ich so nicht von mir kannte. Aber ich fand schnell wieder so etwas wie Trost. Und wenn es sein musste eben mithilfe banaler Volksweisheiten, wie sie früher aufs Sofakissen gestickt worden sind: »Immer wenn du denkst, es geht nicht mehr weiter, kommt von irgendwo ein Lichtlein her.« Das half mir. Ein solches Lichtlein hatte sich für mich immer wieder entzündet.

Klar, meine Prognose war günstig, aber man weiß nie, wie der kraftlose und ausgelaugte Körper auf die starken Medikamente der Chemotherapie reagiert und was sonst noch alles passiert.

Innerlich war ich längst nicht so gelassen, wie es nach außen vielleicht schien, nicht so stark und robust. Für mich war das alles ganz schrecklich, eine schlimme Zeit, die meine seelischen und körperlichen Grenzen touchierte. Ich bin keine Superwoman, ich bin nur ein Mensch. Das zeigte sich spätestens, als ich meine erste Panikattacke bekam.

Zehn Monate nach dem Ende meiner Chemo brach alles aus mir heraus. All das Übel meines Lebens, meine Krankheiten, meine Ängste und Sorgen, alles, was ich so lange verdrängt hatte. Ich explodierte wie ein Vulkan, meine Ängste waren die Lava, die aus ihm herausströmte.

Dabei dachte ich, dass ich nach dem gewonnenen Kampf einfach weitermachen könnte – gerade so, als hätte ich nur einen schweren grippalen Infekt auskuriert. Nicht den Krebs.

Ich begann jedoch allmählich zu begreifen, dass ich eine bösartige Krankheit überlebt habe, an der viele Menschen sterben.

»Du hast den Krebs nicht verarbeitet«, sagte unser Teamarzt Dr. B. zu mir. Ich hätte die Chemotherapie so angenommen wie ein Meisterschaftsspiel, das man halt spielen und gewinnen müsste: ohne mit der Wimper zu zucken.

Aber Krebs ist kein Meisterschaftsspiel, das weiß ich heute.

»Du bist einfach weitergerannt«, fügte er hinzu, »wolltest von Pausen nichts wissen oder dir zumindest mal ein paar stille Stunden der Selbstreflexion gönnen.«

Mein Zusammenbruch war die Folge dessen, was ich in meinem Leben bisher Schlimmes durchgemacht hatte. Während andere längst daran zerbrochen wären, bin ich – wie so oft in meinem Leben – über meine Grenzen gegangen. Weil ich mir und den anderen beweisen wollte, dass das trotz meiner medizinischen Probleme möglich ist: ein weitgehend normales Leben zu führen.

Das klappte zunächst prima, nachdem ich den Krebs besiegt hatte. Meine neue Position als Außenangreiferin passte perfekt zu mir – ich führte meine Mannschaft zum ersten Sieg bei einem NCAA-Meisterschaftsspiel überhaupt in der Historie unserer Universität.

Außerdem brach ich eine Reihe von sportlichen Rekorden, beispielsweise als beste Punktesammlerin oder als Spielerin, die die meisten direkten Punktgewinne erzielte. Es regnete nur so von Auszeichnungen und neuen Bestmarken.

»Du bist die beste Volleyballerin, die je in Tuscaloosa gespielt hat. Eine Ausnahmeerscheinung.« Dieses Lob hörte ich immer wieder – von meinem Trainer, von Gäste-Coaches oder meinen Mitspielerinnen. Im Grunde war ich auf dem Gipfel meines Schaffens angekommen – bewundert, umjubelt und akzeptiert von vielen.

Das blieb natürlich nicht unbemerkt: Kein halbes Jahr nach dem Ende der Chemo wurde ich in das Team meiner Spielklasse berufen und in die dritte Mannschaft der gesamten USA gewählt. Was herausragend ist, weil die Cheftrainer die Spielerinnen aus dem ganzen Land für diese Auswahl nominieren. Diese macht keine Spiele, ist aber so etwas wie das Dreamteam der Saison. Es gibt das erste, das zweite und das dritte nationale Team. Und jede dieser Mannschaften besteht aus 14 Spielerinnen aus unterschiedlichen Uni-Mannschaften. Und was den Award für uns Sportlerinnen so wertvoll macht, ist, dass wir die Auszeichnung beim Finalturnier der NCAA-Meisterschaft erhalten – wenn die besten Volleyballerinnen an einem Ort versammelt sind.

Aber nicht nur sportlich war das eine prägende und erfolgreiche Zeit für mich, auch akademisch. Ich wurde als Academic All-American geehrt, was bedeutet, dass ich amerikaweit sehr gute Noten in meinem Studium hatte.

Es war also eigentlich eine leichte und unbeschwerte Phase in meinem Leben. Endlich, dachte ich mir, übersieht mich Glücksgöttin Fortuna nicht mehr. Mehr noch: Sie hat mich sogar richtig liebgewonnen.

Lange hielt dieser Zustand aber nicht an. Fortuna hatte schnell wieder das Interesse an mir verloren: Als die Tage länger wurden und wärmer, die Sommermonate anbrachen, überkamen mich plötzlich irgendwie seltsame Gefühle. Ich machte mir Sorgen, fühlte ein bisschen Unruhe, Angespanntheit und Enge in meinen Gedanken und in meinem Körper.

Das Problem war allerdings, dass sie immer hartnäckiger wurden und nicht nach ein paar Tagen wieder verschwanden: Sie waren immer da, sofort nach dem Aufwachen hatten sie mich im Griff. Mir fiel es zunehmend schwerer, überhaupt aus dem Bett zu kommen. Mich hatte eine Trägheit, eine Antriebslosigkeit erfasst, die ich nicht von mir kannte.

Meine Gedanken waren die Mörder der Wirklichkeit geworden, so drastisch und martialisch muss ich das ausdrücken.

Zum Beispiel verspürte ich keine Freude mehr vor dem nächsten Spiel, eher eine Last, es gewinnen zu müssen. Das war noch nie vorgekommen. Oder ich träumte davon, dass meine Oma schwer erkrankt wäre. Ich wusste, dass ich größere Probleme haben musste, versuchte sie aber weitgehend zu ignorieren. Meine Freundin Sierra Wilson aus meiner Volleyballmannschaft sagte dann zu mir, als ich mich ihr anvertraute: »Das sind Angstzustände. Kein Wunder bei all dem, was du durchgemacht hast. Nimm das bitte nicht auf die leichte Schulter.« Und sie fügte hinzu: »Sprich aber lieber nicht mit dem Trainer darüber.«

Sie vermutete, dass mir der Coach das als Schwäche auslegen und mir eine Pause nahelegen könnte.

»Okay«, entgegnete ich eher halbherzig, aber dann erwischte ich mich doch dabei, wie ich nach dem Gespräch mit Sierra nach Psychologen recherchierte.

Meine Symptome wurden aber so schnell schlechter, dass ich schließlich von den Ereignissen überrollt wurde.

Ein Katalysator für den Beginn der Panikattacken dürfte in jedem Fall der Moment gewesen sein, als mein Trainer mir verkündete, dass ich womöglich wieder zurück auf meine alte Position als Mittelblockerin wechseln müsse, weil sich die bisherige Stammkraft das Kreuzband gerissen habe.

Darüber ärgerte ich mich sehr, weil ich mich das ganze Frühjahrssemester auf meine neue Rolle als Außenangreiferin vorbereitet hatte und mir diese Position sehr viel Freude machte.

Das zweite war, dass ich verliebt war – und sich das nicht so entwickelte, wie ich es mir gewünscht und erhofft hatte.

Im Frühlingssemester hatte ich Jacopo kennengelernt, einen 400-Meter-Läufer. Ich fühlte mich stark zu ihm hingezogen. Doch als er mir verkündete, den gesamten Sommer über wegzugehen, traf mich das sehr. Er besänftigte mich: »Das ist doch nur für ein paar Monate.«

Diese Vagheit machte mich rasend – und alles zusammen führte innerhalb von kurzer Zeit zu großen Veränderungen in meinem Leben, mit denen ich erstmalig nicht umgehen konnte.

Diesmal hauten meine üblichen Verdrängungsmechanismen nicht mehr hin.

Es war am Memorial Day 2015, als ich während des Krafttrainings plötzlich wieder diese Symptome bekam: starke Ängste, Unruhe – und heftiges Herzrasen. Ich sah das drohende Unheil auf mich zurasen, wie eine Autofahrerin, die weiß, dass es jetzt gleich kracht, weil sie dem entgegenkommenden Auto nicht mehr ausweichen kann.

Ich wusste, dass etwas wirklich Schlimmes mit mir passieren würde, ich fühlte das nicht nur körperlich, sondern auch psychisch.

Ein Herzinfarkt?, befürchtete ich.

Weinend schleppte ich mich in das Büro meiner Athletiktrainerin. Mir wurde schwummrig vor Augen. Ich war jetzt auf das entgegenkommende Auto aufgefahren. Ein heftiger Aufprall. Ein riesiger Lärm, danach entsetzliche Stille. Für einen Moment war alles schwarz, bis ich bemerkte, dass ich noch lebte, aber nicht mehr so wie vorher. Alles Leichte, alles Fröhliche war aus mir verschwunden.

Leigh fragte mich: »Was ist los, Krystal? Beruhige dich und erzähl.« Als ich endlich wieder in der Lage war, zu reden, um ihr das eben Erlebte zu schildern, schickte sich mich sofort in die Notfallpraxis, denn der Memorial Day ist in den Staaten ein Feiertag.

Als ich dort berichtete, was mich plagte, wunderte ich mich zunächst über die Fragen, die mir der Arzt dort stellte: »Hast du gerade viel Stress mit Hausarbeiten oder anderen Dingen an der Uni?«

Der Doc sprach es zwar nicht aus, aber ich hatte den Eindruck, dass er annahm, dass ich unter Drogeneinfluss stehen würde.

Er verschrieb mir Xanax. Ein Mittel, das in Deutschland als Tafil verkauft wird und kurzzeitig gegen Angstzustände und Panikstörungen helfen soll. Ein ganzes Milligramm. Ich hinterfragte es nicht weiter, sondern hoffte nur, dass das Mittel sofort wirkt.

Am Memorial Day hatte ich eigentlich vor, nach Hause zum Grillfest meiner Familie zu fahren. Es sollte das erste Mal sein, dass ich allein für gut eine Stunde auf der Autobahn unterwegs war. Meine Familie und ich waren deswegen schon sehr nervös, weil ich eine ungeübte und unsichere Autofahrerin war.

Zuhause in meinem Zimmer schluckte ich also das Medikament und war nach wenigen Minuten weg – ohnmächtig mitten am Tag. Für vier Stunden. Als ich wieder zu mir kam, hatte ich unzählige Anrufe und Nachrichten auf meinem Handy. Meine

Eltern machten sich große Sorgen. »Wo bist du? Wann kommst du? Geht es dir gut?« Die Ungewissheit machte sie verrückt. Meine Mom, mein Dad, mein Bruder waren unfassbar erleichtert, als ich mich schließlich meldete, nachdem ich endlich wieder zu mir gekommen war.

Am nächsten Tag bestätigte mein Teamarzt, dem ich die Symptome und mein Blackout beschrieb, dass die Dosis viel zu hoch gewesen sei. Er verschrieb mir die Hälfte davon – allerdings sollte ich es nur nehmen, wenn ich eine Panikattacke bekomme.

Gegen die täglichen Angstzustände verordnete er mir ein tägliches Arzneimittel, Lexapro. Und Dr. B. schaute mir in die Augen und sagte so vehement, wie ich ihn vorher noch nie erlebt hatte: »Wach endlich auf, Krystal, und suche dir professionelle Hilfe. Du merkst doch, dass du deine massiven Probleme nicht mehr länger totschweigen kannst.«

Medikamente allein würden mir in meiner Lebenssituation nicht mehr helfen, mahnte er. »Beginne eine Therapie und suche einen Psychiater auf, um die Medikation mit ihm abzustimmen.«

Die Standpauke tat mir gut. Ich sah endlich ein, dass ich mir selber nicht mehr helfen konnte. An einer posttraumatischen Belastungsstörung litt ich zwar nicht, so wie Soldaten nach einem schweren Kriegserlebnis. Aber meine Symptome waren ganz ähnlich.

Ich hatte eine lebensbedrohliche Krankheit durchgemacht und nun eruptierten alle Emotionen, wie ein kleiner Fluss, der sich bei extremem Starkregen in einen lebensbedrohlichen Strom verwandelt und über die Ufer tritt – und alles mitreißt, was ihm in die Quere kommt. Dagegen war ich schutz- und hilflos, hatte längst die Kontrolle über mein Leben verloren. Ich hatte bis dahin eher mittelschwere Panikattackengehabt, keine konkrete Angst vor bestimmten Situationen, aber immer so ein diffuses Angstgefühl, das mich ständig begleitete wie ein Hund sein Frauchen.

Der Psychiater, den ich dann aufsuchte, legte sich auf die Diagnose »allgemeine Angststörungen« fest und verschrieb mir Medikamente, die immer wieder kontrolliert und angepasst werden sollten. Er war zuversichtlich, dass ich sie nicht lange werde einnehmen müssen.

»Dein Leben wird rasch wieder leichter werden, wenn du alles aufarbeitest«, sagte er.

Aber wie es häufig so ist: Zunächst wurde alles schlimmer. Lexapro, das Antidepressivum, das gegen Depressionen und generalisierte Angststörungen helfen sollte, wirkte nicht sofort. Der Körper muss sich erst an die Wirkstoffe, die als selektive Serotonin-Wiederaufnahmehemmer (SSRIs) bezeichnet werden, gewöhnen. Bei mir rief es dann, als es »endlich« wirkte, schlimme Stimmungsschwankungen hervor. Es ging immer zwischen den Extremen hin und her, mal fühlte ich mich himmelhochjauchzend, dann wieder zu Tode betrübt. Das Medikament passte nicht zu mir. Genauso wie das Ersatzmittel Wellbutrin, das zwar wieder zu heftigen Stimmungsproblemen führte, aber immerhin gegen die Ängste half.

Und so gab mir der Psychiater ein weiteres Medikament, Klonopin, das ich jeden Tag einnehmen sollte, um die Stimmungsschwankungen, hervorgerufen von den ersten beiden Arzneimitteln, in den Griff zu bekommen. Klonopin ist ein Benzodiazepin und wird bei Formen der Epilepsie angewendet.

Verrückt eigentlich, wenn man sich das genauer anschaut: Ich war in einem Teufelskreis gefangen, ich musste neue starke Medikamente nur dafür nehmen, um die Nebenwirkungen der anderen Medikamente auszugleichen, die ich nicht vertrug. Und als Notfallmedikament hatte ich ja Xanax, von dem ich ohnmächtig geworden war. Es war furchtbar, aber die Einnahme dieser Tabletten gehörte damals zu meiner täglichen Routine. Ich musste sie nehmen, andernfalls hätte ich meinen Alltag nicht mehr bewältigen können.

Zusätzlich ging ich zu einer Psychologin. Als wir schon einige Male miteinander gesprochen und tiefer mit der Analyse begonnen hatten, sagte sie zu mir plötzlich: »Ehrlich, ich weiß nicht, wie du das bisher so gut überstanden hast, ohne ein einziges Mal mit einem Psychologen gesprochen zu haben.«

Ich habe ihre exakten Worte leider vergessen, aber dem Sinn nach fügte sie hinzu: »Und ohne, dass du Drogen oder Alkohol als Bewältigungsmechanismus genommen hast.« Das beeindruckte sie.

Ich hätte gesunde Alternativen gefunden und würde intuitiv die richtigen Dinge tun und Ratschläge befolgen, die von einer Psychologin stammen könnten.

Sie war diejenige, bei der ich herausfand, dass mir meine vielen Bücher, die ich las, extrem geholfen hatten. Ich lernte dabei viel fürs Leben und wie ich Probleme selbstständig lösen konnte. Wenn mich irgendetwas beschäftigte, ich kleinere Schwierigkeiten in meinem Leben hatte, stellte ich mir beispielsweise dieses in meinem Kopf als physisches Objekt vor – vor meinem geistigen Auge ließ ich es explodieren und so sterben, bevor es sich zu einem größeren Problem erwächst.

»Ja«, sagte meine Psychologin, »das ist eine Technik, die ich selbst in meiner Therapie anwende.« Mit ihr zu arbeiten, war trotzdem absolut das Richtige.

Abseits der Therapie begann Jacopo, meine Gefühle zu erwidern. »Ich bin in dich verliebt«, sagte er zu mir. Ich war hin und her gerissen. Einerseits war ich überglücklich, andererseits zutiefst betrübt. Nachdem er angekündigt hatte, den Sommer über wegzugehen, ahnte ich, dass es nur schiefgehen könnte, wenn ich mich zu sehr auf diese Beziehung einlassen würde. Dennoch sahen wir uns jeden Tag und ich genoss jede Sekunde. »Ich komme wieder«, sagte er, als er fuhr. Natürlich ging es mir hundeelend – für mich fühlte es sich so an, als wäre es ein Abschied für immer.

Es kam einiges zusammen für mich in diesen Monaten, das mich stresste, und so war es in meiner labilen Verfassung nicht weiter verwunderlich, dass meine Panikattacken schlimmer wurden und sich häuften.

Wenn ich sie bekam, war ich wie gelähmt, einfach erstarrt, nicht mehr auf diesem Planeten – mein Gehirn war nicht mehr zentrale Instanz meines Handelns. Ich litt unter Todesängsten.

Eines abends hatte ich Heißhunger auf mein Lieblingseis, Erdbeersahne. Doch ich konnte es nirgends auftreiben. Ein Kioskangestellter sagte mir, dass es einen amerikaweiten Rückruf gegeben hätte, weil sie in einigen Produkten Listerien fanden. Okay, dann sollten es Melonenringe sein, diese Süßigkeiten aus Gummi, aber auch diese waren ausgerechnet an diesem Abend nicht mehr vorrätig, nirgendwo zu finden, an keiner einzigen Tankstelle. Als ich an unserem Wohnblock wieder ankam, war ich nicht mehr in der Lage, aus meinem Auto zu steigen. Es ging einfach nicht.

Ich war so verzweifelt, weil ich weder die Fruchtgummis noch das Eis hatte finden können. Sekunden vergingen wie Stunden, es dauerte, bis mein Verstand wieder die Oberhand über die Ängste bekam und ich in der Lage war, meine beste Freundin anzurufen.

»Sierra, ich kann nicht aus dem Wagen aussteigen.«

Ihr gelang es schließlich mich zu beruhigen, indem sie sagte: »Wenn du deine Medikamente nimmst, wird es dir besser gehen. Dafür musst du aber in dein Zimmer gehen.«

Es vergingen allerdings weitere 10 bis 15 Minuten, bis ich wirklich loskonnte, weinend machte ich mich auf den Weg. Es war nach meinem Anfall am Memorial Day die zweite wirklich schlimme Panikattacke, die ich hatte.

Leider folgten viele weitere.

In dieser Zeit startete langsam die neue Volleyball-Saison, ich spielte wieder als Mittelblockerin, nicht immer und dann eher widerwillig, weil ich mich ja auf die Position der Außenangreiferin eingestellt hatte und diese zu meiner Lieblingsposition geworden war. Aber noch viel schwieriger für mich war, wie ich meine Panik und Angst vor meinen Mitspielerinnen verstecken sollte. Nur Sierra wusste Bescheid.

Mit meinem Trainer habe ich darüber tatsächlich lieber nicht gesprochen. Und trotzdem wusste er, was los war, erzählte er mir später. Immer dann, wenn ich überstürzt das Training verließ oder nach einem Ballwechsel mitten in einem Trainingsspiel zum Ausgang sprintete, war ihm klar, was passierte: Eine neue Panikattacke kündigte sich an und brach aus.

Einmal waren wir fast fertig mit der Trainingseinheit, als ich aus der Halle mal wieder fluchtartig zurück in die Umkleidekabine rannte – und dort zunächst anfing, schrecklich laut zu schreien. Ich weinte und schlug unkontrolliert und verzweifelt auf den Boden. Einmal, zweimal, fünfmal. Es war so, als würde ich mich selbst von außen betrachten – eine wirklich sehr, sehr schreckliche Erfahrung. Ich bekam plötzlich Angst und Panik vor allem – vor dem Training, aber ganz konkret vor dem Tod, der Moment des Sterbens war plötzlich ganz real, mein Herz raste. Das Beklemmende in solchen Momenten war die Hilflosigkeit: Ich wusste, dass ich nichts gegen die Panikattacken tun konnte, sie nur geschehen lassen, bis sie irgendwann wieder aufhörten.

Nach ein paar Minuten kam Leigh herein, sie hielt mich fest und tröstete mich. Sie sagte: »Atme einfach tief ein und wieder aus. Alles ist gut.« Ihre Ruhe half mir. Es vergingen jedoch weitere Minuten, bis ich mich wieder besser fühlte, aber die ganze Energie war aus mir entwichen. Ich war sehr erschöpft.

In diesem Sommer hatte ich mindestens einmal die Woche Panikattacken, mal schwächere, mal stärkere – ich nahm zwar meine Arzneimittel, aber trotzdem gehörten sie zu meinem Leben. Sie begleiteten mich so zuverlässig wie Möwen die Fischerboote hinaus aufs Meer.

Und zum ersten Mal passierte etwas, was ich nicht kannte: Ich spielte schlecht. Bisher war es immer so, dass Volleyball, mein Lieblingssport, meine Flucht war – ganz egal was gerade in meinem Leben geschah.

Wenn ich auf dem Feld stand, den Ball und das Spiel spürte, meine Mitspielerinnen um mich herumwuselten, war ich ganz bei mir, fokussiert und es ging mir wunderbar. Ich war in diesem Flow, von dem Sportler häufiger erzählen. Man verliert dann das Gefühl für Raum und Zeit, alles fließt, alles scheint so mühelos zu gelingen, es ist, als ob man schweben würde.

Doch plötzlich war das anders, zum ersten Mal überhaupt. Schon in der ersten Partie eines Turniers in Kalifornien spielte ich nicht gut. Ich lief wieder auf der ungeliebten Mittelposition auf, und fühlte mich wegen meiner psychischen Probleme isoliert.

Nach dem zweiten Satz folgt in den USA normalerweise eine zehnminütige Pause, die wir in der Umkleidekabine verbringen. Ich verließ also rennend das Feld – diesmal aber nicht, um davonzulaufen, sondern in der Erwartung, dass die anderen mir sofort folgen würden. Was sie nicht taten, weil die obligatorische Pause ausfiel, ich hatte es einfach vergessen. Sierra schrie mir hinterher: »Hey, bleib stehen, wir spielen weiter.«

Aber ich hörte sie nicht, weil ich plötzlich merkte, wie die Angst mich zu lähmen begann – ich war wieder in meiner eigenen Finsternis gefangen.

Die Panikattacke war kurz vor dem Ausbruch, als mich meine Freundin einfing. Sie hielt mich mit aller Kraft zurück, indem sie mir am Trikot riss, und überzeugte mich schließlich, zur Mannschaft zurückzukehren. Es war mir allerdings so peinlich, dass ich als Einzige das Spielfeld verlassen hatte und die Panikattacke zunehmend stärker wurde. Dennoch spielte ich weiter, aber jetzt hatte meine Angst die Regie übernommen, nicht mehr meine Intuition, meine Hingabe. Die Folge: Ich verschlug fast jeden Ball und ließ mich schließlich auswechseln.

Nach dem Spiel kam mein Trainer zu mir. »Wir müssen reden«, sagte er. Ich saß hinten im Bus. Ganz allein in der letzten Reihe. Es ging mir sehr schlecht. Die Panik hatte mich nun voll erfasst. Und hier konnte ich nicht weglaufen und in einen geschützten Raum flüchten, wie ich es sonst machte, um alles möglichst von meinen Mitspielerinnen fernzuhalten. Meine Ängste waren jetzt für jeden im Bus sichtbar, hörbar, sie waren auf offener Bühne ausgebrochen. Ich fing an zu schreien, mein Trainer hielt mich fest.

Die Zeit verging. Irgendwann war ich im Hier und Jetzt zurück – und fühlte mich hundeelend.

Ich erlebte damals den negativen Höhepunkt meiner psychischen Erkrankung – und die Dinge wurden fast noch bedrückender, als mich mein Coach in der Woche darauf in sein Büro rief. Ich dachte, er würde mit mir darüber sprechen wollen, wie sie mich darin unterstützten könnten, zurück zu meiner gewohnten Form zu finden, um der Mannschaft auf dem Feld wieder helfen zu können.

Doch das Gegenteil war der Fall.

»Du wirst im nächsten Spiel pausieren«, sagte er zu mir.

»Warum?«, entgegnete ich verblüfft, »weil es mir nicht gut geht?«

Das sei nicht der Grund, versicherte er. »Ich kann deine Disziplinlosigkeiten nicht mehr dulden, beispielsweise, wenn du das Training vorzeitig verlässt«, fügte er stattdessen hinzu. Er sagte, dass ich mit meinem Verhalten meine Teamkolleginnen dazu anstiften würde, es mir nachzumachen. Er behandelte mich so, als hätte ich mit voller Absicht unsere Teamregeln gebrochen. Mein Trainer suspendierte mich deshalb für ein Spiel. Ich war außer mir und verstand gar nichts mehr.

Ich lief daraufhin sofort zu Sierra, die auch Mannschaftskapitänin war, damit sie mir zu Seite stünde. Doch diese erzählte mir, dass sie schon vor mir von meiner Suspendierung gewusst hätte – und sie okay fand. »Die kurze Auszeit wird dir guttun, mach was Schönes«, erwiderte sie.

»Was?« Ich konnte nicht glauben, was sie da sagte: »Ich bin sehr, sehr enttäuscht von dir, und enttäuscht von unserem Trainer. Du hattest mir doch sogar davon abgeraten, mit ihm zu reden.«

Sie taten so, als hätte ich unsere Mannschaft im Stich gelassen.

Was sollte ich machen? Mir ging es mental extrem schlecht. Und statt mir zu helfen, mich zu stabilisieren, wurde ich von meinem Trainer bestraft.

Glücklicherweise konnte ich mit meiner Therapeutin darüber reden. Mit ihr arbeitete ich daran, die Gründe für meine Panik und Ängste abzubauen.

Ich hatte gleich fünf an der Zahl.

Erstens die komplizierte Freundschaft zu Jacopo, den ich liebte.

Zweitens die sportliche Situation, also der Positionswechsel sowie das unmögliche Verhalten meines Trainers.

Drittens meine Familie. Unglaublicherweise wollte diese nicht anerkennen, dass ich Ängste und Panik hatte. Vielmehr fragten sie mich, ob ich Drogen oder Ähnliches nehmen würde, um Spaß zu haben. Sie glaubten mir nicht, dass ich Arzneimittel wegen meiner psychischen Probleme einnehmen musste. Ich fühlte mich deswegen von meiner eigenen Familie nicht richtig ernstgenommen. Viertens traf ich meinen früheren Freund wieder – meinen ersten auf der Uni. Ich nenne ihn Jake, seinen echten Namen will ich nicht verraten. Jake und ich hatten uns getrennt, als meine Chemotherapie begann. Er entwickelte jedoch nun auch Angststörungen und andere psychische Probleme. Schwere Depressionen. Ganz furchtbar. Ich konnte ihm nicht helfen, weil ich selbst Hilfe brauchte. Und fünftens gab es ja noch meine körperlichen Probleme, die mich seit meiner Geburt an mal mehr und mal weniger stark beschäftigten.

Meine Therapeutin riet mir nun zur offenen Konfrontation. In den Sitzungen ging es viel darum, wie ich meine Freundschaften pflegen und aufrechterhalten kann – damit kämpfte ich ja bereits mein Leben lang. Ich habe und hatte immer enge Freunde, aber ich hatte mich ihnen nie groß offenbart, ihnen nie ernsthaft erzählt, wie ich mich wirklich fühle und wie es mir geht.

Ein Grund hierfür war, dass ich Angst davor hatte, verraten werden zu können. Was ja passiert war, beispielsweise im Fall der Suspendierung.

Meine Therapeutin empfahl mir, mich zu öffnen und meine wahren Gefühle verbal auszudrücken, damit gesunde Freundschaften entstehen konnten.

Das war gerade im Fall von Jacopo sehr schmerzvoll.

»Ich kann und will mit dir nur befreundet sein«, sagte ich ihm, als er zurückgekommen war. Er reagierte zunächst enttäuscht, ja verärgert und fragte: »Warum?« Als ich ihm erzählte, dass er mich doch erst bemerkt hatte, nachdem ich an Krebs erkrankt war, konnte er meine Gründe eher nachvollziehen.

Erst der Krebs hatte mich zu einer besonderen Person, zum großen Gesprächsthema an der Uni gemacht, für die sich nun plötzlich viele interessierten. Ich wollte aber nicht als die Studentin, die Krebs hatte oder die den Krebs besiegt hat, wahrgenommen werden. Sie sollten in mir einfach Krystal Rivers sehen, den Menschen. Mit all seinen Schwächen und Stärken.

Tatsächlich verbesserte sich mein Gesundheitszustand durch meine neue Offenheit.

Die Therapie begann genauso ihre Wirkung zu entfalten wie meine Medikamente, die ich täglich zu mir nahm. Aber viel langsamer, als ich mir erhofft hatte.

Ich hatte mein inneres Heim über eine lange Zeit mit viel zu vielen Problemen hinweg geflutet – es half da nicht, nur ein bisschen zu lüften und frische Luft reinzulassen. Eine grundlegende Modernisierung des ganzen Hauses war notwendig. Aber ich konnte zumindest sehen, dass ich mich seelisch besser fühlte und ich wieder mehr Zuversicht in mir spürte, mehr Optimismus, weniger Angst.

Der fünfte Triggerpunkt stellte sich während der Therapie zunehmend als der grundlegendste heraus, weil bei meiner medizinischen Situation viele verschiedene Dinge hineinspielten. Es gab den familiären Teil, den ich vorhin angedeutet habe. Den schob ich aber zunächst zur Seite und griff ihn später in meinem Leben wieder auf. Ich wohnte damals nicht zu Hause. Meine Eltern, mit denen ich in dieser Zeit kaum redete, spielten eine eher untergeordnete Rolle. Ich wollte daher lieber die Beziehungen in meinem Alltag an der Universität wieder in Ordnung bringen. Das hielt auch meine Therapeutin für dringlicher. Neben Jacopo und meinem Ex-Freund auch die mit Trainer Ed. Ich hatte schon beschrieben, dass wir uns zunehmend entfremdet hatten und heute gar nichts mehr miteinander zu tun haben. Damals fing es damit an, dass er seine politischen Ansichten plötzlich in der Trainingshalle hinausposaunte, und es ging auch darum, wie er grundsätzlich mit Situationen im Training umging. Ich musste ihm gegenüber Grenzen setzen.

Der andere Teil, eigentlich das Wichtigste für mich, war meine Beziehung zu mir selbst. Ich sollte lernen, mich und meinen Körper mit all seinen Schwächen anzunehmen.

Das, was ich von klein auf erlebt hatte, hatte mich enorm beeinflusst – wie stark, merkte ich erst mit zunehmendem Alter. Denn im Grunde war ich nun einmal nicht normal. Ich hatte mir eine Welt erschaffen, in der ich gut leben konnte und in der ich mich selbst als normal ansah.

Aber ich vergaß dabei, dass für die Menschen da draußen solche körperlichen Einschränkungen alles andere als typisch sind, sogar befremdlich, für sie ist schon eine Grippe eine ernste Sache. Ich hatte das lange unterschätzt.

In der Therapie musste ich mich endlich damit auseinandersetzen, denn darin lag eine Hauptursache für meine Ängste: Den Menschen um mich herum von meinen medizinischen Problemen erzählen zu müssen – was ich aber nicht oder zu wenig machte oder nicht für nötig erachtete, weil ich mich ja als normal betrachtete.

Der Krebs war dann zu einem neuen Teil meiner medizinischen Identität geworden.

Ich konnte nicht länger mehr davonlaufen, ihn kleinreden, sondern musste den Krebs als das annehmen, was er war und ist: eine lebensbedrohliche Krankheit. Mit allen Konsequenzen.

Wir starteten in der Therapie damit, mich selbst mit allen körperlichen Schwächen zu akzeptieren. Meine Geburtsfehler und meine schwere Erkrankung gehören zu mir, sie sind Teil meiner Persönlichkeit. Keine vorübergehende Erscheinung.

Im Nachhinein muss ich sagen, dass meine Panikattacken Segen und Fluch zugleich für mich waren. Es war ein harter Kampf von über einem Jahr, zehrend und brutal. Angefangen am Memorial Day und in der Umkleidekabine, in der ich schreiend auf den Boden schlug, bis zu den ersten Erfolgen, die sich durch Therapie und Arzneimittel einstellten und mir halfen, wieder Zuversicht zu finden. Und mir meine gewohnte Stärke als Volleyballerin zurückbrachten. Meine schlechte Phase hielt zum Glück nicht lange an, schon nach den ersten Gesprächen mit der Psychologin war ich auf dem Spielfeld wieder ganz bei mir, prägte rasch wieder unser Spiel. Und auch von der Enttäuschung mit Sierra blieb nichts zurück, dafür war unser gegenseitiges Vertrauen zu gefestigt, unsere Freundschaft viel zu tief.

Ich bin inzwischen dazu in der Lage, mit Menschen zu sprechen, mich ihnen gegenüber zu öffnen und zu akzeptieren, dass ich Krebs hatte und ihn überlebt habe. Es war ein weiter Weg für mich, aber ein lohnenswerter, weil ich enorm daran gewachsen bin.

Ich bin noch lange nicht psychisch geheilt. Aber ich habe gelernt, Momente voller Emotionen und Gefühlseruptionen zuzulassen und mir einzugestehen, dass auch ich Dinge nicht kann.

Die Fähigkeit, Schwäche zu akzeptieren, hat mich noch stärker gemacht. Die Liebe meiner Mitmenschen nun zu würdigen und nicht abzuweisen, gibt mir sogar das Gefühl, dass ich noch viel mehr durchzustehen vermag. Wenn ich heute auf die Zeit mit den Panikattacken zurückblicke, bin ich dankbar dafür, welche Entwicklung ich seitdem persönlich genommen habe.

Mit der Therapeutin arbeitete ich insgesamt eineinhalb Jahre lang, meine Medikamente musste ich noch länger nehmen. Die Therapie war eine harte Erfahrung, aber gleichzeitig auch irgendwie die beste, die ich gemacht habe. Es war gut, dies alles mit professioneller Hilfe aufzuarbeiten – bevor ich mich ins Ausland als Volleyball-Profi aufmachte und noch weiter entfernt von meiner Familie lebte, die ich trotz allem sehr liebte und noch immer liebe.

Es geht mir heute sehr viel besser, weil ich weiß, dass ich nicht alles aushalten und körperliche Grenzen überschreiten muss, sondern mir auch helfen lassen darf.

KAPITEL 11

SPANIEN, MEIN SEHNSUCHTSORT

Ich war noch euphorisiert von der Nacht. In der warmen Morgendämmerung von Barcelona lief ich mit einem Freund fröhlich und entspannt die berühmte Las Ramblas, die Promenande mitten in der Stadt, entlang. Der Himmel wechselte gerade von schwarz zu blau, als wir uns überlegten, ob wir jetzt bald frühstücken gehen, weiter feiern oder im Hostel ein paar Stunden schlafen wollten.

Da ploppte plötzlich diese SMS auf meinem Handy auf.

Es war eine Nachricht von Sierra: »Bitte ruf' mich schnell zurück.« Ich war irritiert und fragte mich, was denn passiert sein könnte. Eine zweite Nachricht einer anderen Freundin erreichte mich wenige Minuten später mit dem gleichen Inhalt. Und dann bekam ich noch eine dritte, vom Kumpel meines Ex-Freundes Jake. Das, was er schrieb, war entsetzlich düster und traurig: »Jake ist heute tot aufgefunden worden. Er hat sich umgebracht.«

Rumms, zwei Sätze und elf Wörter genügten, um mich von einer Sekunde zu anderen aus meiner heilen Welt herauszureißen und auf den harten Boden der Wirklichkeit prallen zu lassen.

In einem Moment, in dem alles so leicht und unbeschwert schien, schlug das Schicksal abermals mit aller Macht zu. So oft hat es schon mich getroffen. Das Leben kann so fürchterlich gemein sein. In meinem Herzen kam die Nachricht aber nicht sofort an. Mein Verstand versuchte zwar alles, hämmerte und klopfte lautstark, aber niemand im Herzen öffnete ihm – es fühlte sich ziemlich bizarr an, so, als ob meine Gefühle den langen Weg über die Pyrenäen vom Gehirn über das Herz hinunter zu meinen Füßen suchen würden. Es dauerte eine halbe Ewigkeit, bis ich alles irgendwie realisiert hatte und traurig wurde.

Die erschütternde Nachricht hatte mich fast am Ende meines Spanien-Aufenthalts erreicht, auf den ich mich so gefreut hatte.

Jakes überraschender Tod warf natürlich einen Schatten auf diese Reise, die ansonsten so hell, schön und abwechslungsreich war und mir zeigte: Es gibt ein Leben außerhalb der USA und des Volleyballs.

Es war immer in meinem Kopf herumgeschwirrt, mal im Ausland studieren zu wollen. Raus aus der Blase, aus meiner Komfortzone, in eine neue, unbekannte Welt eintauchen – das war mein großer Wunsch. Doch ich hätte nie daran gedacht, dass dieser Traum wahr werden könnte. Zum einen lag das an meiner Herkunft als Schwarze aus nicht so wohlhabenden Verhältnissen, für die ein Auslandsaufenthalt viel zu teuer war. Ich hätte dafür schon einen Lottogewinn gebraucht.

Und zum anderen war ich eine Sportlerin, die im Frühjahrs- und Herbstsemester trainieren und spielen musste – ich hätte nicht einfach so ins Ausland fliegen können. Normalerweise übten wir auch im Sommer intensiv, im Uni-Sport ist ja alles streng reglementiert. Sogar die spielfreie Zeit.

Zum Beispiel darf man kein Geld annehmen, wenn man als College-Tennisspieler in Deutschland für eine Profimannschaft spielt. Nach den Regeln der nationalen Meisterschaftsrunde NCAA musste ich als Volleyballerin im Sommer Kraft- beziehungsweise Fitnesstraining machen. Wo ich trainiere, ist dabei egal.

Aber eine Teamkollegin von mir war im Sommer für vier Wochen ins Ausland gereist. So entstand in meinem Kopf die Idee, dass ich es ihr vielleicht gleichtun könnte. Und über das Spanischprogramm gab es dann tatsächlich die Möglichkeit, einen Monat nach Spanien zu gehen, um in der Nähe von Madrid zu studieren.

Im Vorfeld der Reise im Jahr 2016 waren ja viele Dinge in meinem Leben zusammengekommen, die ich durchmachen musste. Erst der Krebs und danach meine Panikattacken und Angststörungen. Es war viel los und man kann im Rückblick schon sagen, dass ich fast daran zerbrochen wäre.

Auf eine Sache bin ich aber wirklich stolz, nämlich, dass ich trotz Chemotherapie und massiver psychischer Probleme weiter auf hohem Niveau Volleyball spielte und eine exzellente Studentin geblieben war.

Die Frage, wie ich die Reise finanzieren sollte, klärte sich auf angenehme Art und Weise: Für ein Auslandsstudium stand uns, so erfuhr ich, ein ordentlicher finanzieller Zuschuss zu. Das Geld nahm ich dankend an.

Als ich zur ersten Informationsveranstaltung ging, war ich so aufgeregt. Der Aufenthalt in Spanien war wirklich etwas Großes für mich, nie zuvor hatte ich die USA verlassen.

Ich hatte ja nicht einmal einen Pass. Wofür auch? Ich hatte an eine Auslandsreise bisher nie auch nur einen Gedanken verschwendet. Sofort nach der Infoveranstaltung ging ich los und beantragte das Dokument.

Für mich war Spanien schon sehr real, seit ich mich dafür entschieden hatte. Ich besorgte alles, was ich brauchte, und beendete das Semester mit meinem Bachelor in Biologie und schloss dazu noch ein paar Spanisch-Kurse ab. Ich war also bereit.

Los ging es am 22. Mai, und einer der Mitfahrenden erinnerte mich daran, dass am Tag darauf mein Geburtstag anstehen würde. Ich machte mir deshalb im Flieger schon Gedanken, wie ich diesen feiern könnte: »Oh mein Gott, ich werde dort das beste Essen und die beste Zeit erleben.«

In meinem Leben hatte ich schon so viel Leid erfahren, es war nun an der Zeit, etwas Schönes erleben zu dürfen. Ganz besonders nach meiner Krebserkrankung sah ich es als Geschenk des Lebens an, dass ich andere Länder entdecken durfte.

Jetzt also erstmals Europa, Spanien.

In San Lorenzo, wo wir hinreisten und unser Zuhause hatten, steht die Kloster- und Schlossanlage Real Sitio de San Lorenzo de El Escoria. König Philip II. von Spanien ließ sie nach Plänen von Juan Bautista de Toledo bauen – 21 Jahre vergingen, bis der größte Renaissancebau der Welt stand.

Ich hatte mich in Spanien für zwei Kurse angemeldet. Der eine beschäftigte sich mit der Architektur des Klosters und mit den Gemälden darin, der andere Kurs mit der spanischen Kultur. Ich freute mich schon darauf, mehr über die Geschichte und die Architektur Spaniens zu lernen und die Chance zu erhalten, im Land selbst Spanisch sprechen und andere Menschen treffen zu können.

Und zwar welche außerhalb meiner gewohnten Bubble. An der Uni war ich praktisch den ganzen Tag über nur mit Sportlern zusammen. Nun war ich mit einer Gruppe unterwegs, die ziemlich heterogen war, wir waren unterschiedlicher Herkunft, aus anderen Städten und hatten gegensätzliche Interessen. Aber wir fanden zueinander und wurden in Spanien eine tolle Gemeinschaft.

Ein Kommilitone von damals, Hank, gehört bis heute zu meinen besten Freunden. Er konnte sich immer so herrlich lautstark über unsere Ausgangssperre nach 23 Uhr aufregen, weil er einfach seine Freiheit liebte und diese unbeschwert ausleben wollte. Einmal machte er ein Nickerchen mittags und rannte anschließend wie von der Tarantel gestochen zum Abendessen. Wir riefen ihm hinterher: »Was ist denn mit dir los?« Hank antwortete: »Es ist doch morgens und ich komme zu spät zum Unterricht.« Da mussten natürlich alle lachen..

Die ganzen Erlebnisse erinnerten mich an die Camps, die ich besucht hatte, als ich Jugendliche war. Es tat mir unheimlich gut, Teil dieser Gemeinschaft mit vielen netten Menschen zu sein. Ich genoss jede Minute.

Den Volleyball, meinen strengen Tagesablauf mit Training und Unterricht an der Uni in den Staaten vermisste ich nicht. Ich mochte alles an Spanien, das Land, die Architektur, das Essen, die Leute. Ich hatte das Gefühl, angekommen zu sein, und nahm mir vor, irgendwann länger in Spanien leben zu wollen. Entweder als professionelle Volleyballerin oder als Lehrerin, die Englisch unterrichtet. Die Reise machte mich selbständiger, ich lernte spontaner zu entscheiden, mich nicht abhängig zu machen von bestimmten Lebensplänen oder anderen Aktivitäten. Machen, worauf ich Lust hatte – das war das Motto für mich.

Ich fühlte mich zum ersten Mal so richtig wohl an einem Ort. Von Anfang an, wohlgemerkt – das war neu für mich. Normalerweise brauche ich stets eine gewisse Anlauf- und Eingewöhnungszeit wie im Camp oder am College. Doch diesmal war auf Anhieb alles leicht.

Ich hatte viele schöne und eindringliche Erlebnisse, die ich mein Leben lang nicht vergessen werde. Dazu gehört ein gemeinsamer Ausflug nach Barcelona, auch wenn dieser mit dem Tod meines Ex-Freundes sehr traurig enden sollte. Viel geschlafen haben wir an diesem Wochenende nicht, wir schauten uns die Sehenswürdigkeiten wie die Basilika Sagrada Familia an, fuhren mit der Seilbahn zum Mont Juïc oder bewunderten das Casa Batlló von Antoni Gaudi. Ansonsten machten wir Party und ließen es uns gutgehen. Ich brauchte das auch für meinen Kopf, für meine Seele. Einfach mal in den Tag reinzuleben. Ohne Druck und Termine.

Bis zum Morgen des zweiten Barcelona-Tages.

Ich habe nicht geweint, als ich die Nachricht von Jakes Tod erhalten habe. Aber Nick, der Freund, mit dem ich in Barcelona an diesem Morgen unterwegs war, merkte sofort, dass ich verwirrt und nicht mehr auf diesem Planeten war.

»Wollen wir uns setzen?«, fragte er mich, »damit du mir erzählen kannst, was passiert ist. Vor zwei Minuten warst du doch noch so fröhlich und ausgelassen.« Er war in diesen Dingen sehr aufmerksam und einfühlsam. Seine Schwester hatte ähnliche psychische Probleme wie ich. »Es ist alles so schrecklich«, sagte ich zu ihm und erzählte ihm alles. Er nahm mich tröstend in den Arm. Es war dann ganz okay für diesen und den nächsten Tag, ich kam irgendwie klar, aber eine bleierne Schwere hatte mich erfasst. Ich versuchte meine Gedanken zu ordnen, die wilde Purzelbäume schlugen.

Der Tod von Jake ging mir extrem nahe. Ich versuchte alles, um mich abzulenken und die Schönheit Spaniens weiter genießen zu können. Aber es fiel mir schwer. Die Nachricht bedrückte mich und prägte die darauffolgende Woche, es war ausgerechnet die letzte meines Aufenthaltes in Spanien.

Ich hatte noch nie einen Menschen verloren, der mir so innig verbunden war.

Ja, mein Großvater war gestorben, aber er hatte Alzheimer, seit ich geboren war, und ich konnte mit ihm vor seinem Tod schon lange nicht mehr kommunizieren. Meine wenigen Erinnerungen waren längst verblasst. Einen Menschen zu verlieren, mit dem ich so viel Zeit verbracht hatte und emotional so verbunden war, auch wenn unsere Beziehung schon einige Jahre vorüber gewesen war, war von ganz anderer Tragweite.

Ich wollte bei Jakes Beerdigung unbedingt dabei sein. Es bereitete mir deshalb viel Kopfzerbrechen, dass ich meinen Flug zurück in die USA nicht umbuchen konnte. Aus finanziellen Gründen. Deshalb war es eine hinreißend schöne Geste meiner Mitspielerinnen aus dem Volleyballteam, dass sie alle zusammenlegten, damit ich doch rechtzeitig zurück in die Heimat fliegen konnte.

Ein Onkel meines Ex-Freundes holte mich ab und brachte mich zur Begräbnisfeier.

Obwohl meine Reise nach Spanien so abrupt und traurig endete, tat sie mir unheimlich gut, um persönlich zu wachsen und meinen Platz in der Welt zu finden. Ich lernte in den vier Wochen in Spanien viel über andere Menschen, über andere Länder und Kulturen, es war eine kurze Zeit, aber sie war intensiv genug und reichte aus, um einen folgenreichen Entschluss zu fassen: die USA zu verlassen und ein neues Leben im Ausland zu beginnen.

Ich war dankbar, dass mir das Leben diese unverhoffte Schleife schenkte, die mir eine neue Perspektive eröffnete – das war nicht selbstverständlich nach allem, was ich durchgemacht hatte. Ich wollte nicht mehr länger eine Getriebene sein, sondern selbst über mich und mein Leben bestimmen.

KAPITEL 12

IN FRANKREICH GING ES MIR SO GUT WIE NOCH NIE

In meinen ersten Tagen in Frankreich schlug ich mich schon mit einem riesigen Problem herum: die Gangschaltung in meinem Mietauto. Wer hat sich so etwas bitteschön eigentlich ausgedacht?

Ich habe die Kupplung meines Autos einfach nur verflucht. Sie war es, die mich daran hinderte, mich in Colombiers frei bewegen zu können. Ich konnte die Gegend nicht erkunden, geschweige denn einkaufen gehen.

Ich hatte gerade meinen ersten Profivertrag als Volleyballerin unterschrieben. Und dann saß ich fest.

Daheim in den Staaten hatte ich bisher nur Automatikgetriebe kennengelernt. Zum Glück führte mich irgendwann eine amerikanische Mitspielerin in die Geheimnisse des Kuppelns ein.

Frankreich war ein neuer aufregender Lebensabschnitt für mich. Der Klub Béziers Angels wollte mich unbedingt haben.

Mich hatten schon vorher über meinen Agenten Angebote aus anderen Ländern erreicht, aber das waren kleinere, unbedeutendere, die mich nicht weiter interessierten.

Es ist sehr nützlich, einen Spielerberater zu haben, der den Markt im Blick hat, erste Gespräche führt und Rahmenbedingungen absteckt. Das hilft, damit man sich als Sportlerin nur auf den Sport konzentrieren kann. Eine Volleyballkollegin hatte mir einen guten Agenten empfohlen, mit dem ich begann, im letzten Uni-Jahr zusammenzuarbeiten. Die Aussicht, in Südfrankreich zu spielen, Französisch zu lernen und dort leben zu können, begeisterte mich sogleich.

Als ich von der Offerte das erste Mal von meinem Agenten gehört hatte, war ich voller Vorfreude und begann selbst über den Verein und die Mannschaft zu recherchieren. Eine meiner Mitspielerinnen hatte ein Jahr davor einen Vertrag in Griechenland unterzeichnet und fühlte sich superwohl, sie liebte das Land und schwärmte vom Leben dort. Ich hoffte, dass Frankreich mein Griechenland werden würde.

Die Angels waren ein Spitzenteam, das in den vergangenen Jahren zwar regelmäßig zu den besten Mannschaften Frankreichs gehörte, aber nie den Titel hatte erringen können. Ich war mir sicher, dass das ein guter Wechsel für mich werden könnte, weil ich nicht die einzige Amerikanerin im Kader war und mich so leichter eingewöhnen konnte. Ich entschied mich also im Mai 2017, dort zu unterschreiben. Außerdem sind französische Klubs bekannt dafür, das vereinbarte monatliche Salär pünktlich und verlässlich zu überweisen. Das ist nicht überall so.

Als ich aus Spanien zurückkehrte, hatte ich noch ein Jahr an der Universität vor mir, mein fünftes Jahr in Tuscaloosa, mein viertes als festes Mitglied in der Volleyballmannschaft. Damals im

Sommer 2016 war noch nicht abzusehen, dass mich meine erste Profistation nach Frankreich führen würde. Ich wollte nur irgendwo in Europa spielen oder arbeiten.

Die letzten Monate an der Uni waren welche mit unterschiedlichen Gefühlswelten. Einerseits fühlte ich mich bereit dazu, ein neues Leben in Europa zu beginnen, und wäre am liebsten sofort losgeflogen, andererseits wollte ich noch mal eine gute Saison hinlegen.

Allerdings erlebten wir mehr Tiefen als Höhen. Unsere Leistungen waren so wechselhaft wie das Aprilwetter. Viele meiner Mitspielerinnen hatten Verletzungen, Dissonanzen im Team kamen hinzu, sodass wir keine Chance hatten, an das spielerisch hohe Niveau der vergangenen Jahre heranzureichen.

Für mich persönlich lief es aber fantastisch – ich stellte All-zeit-Rekorde an meiner Universität auf: Einmal für die meisten Punkte, dann noch für die meisten Winner, also Schmetterbälle, die unerreichbar für die Gegnerinnen im Feld landen. Im Volleyball nennen wir diese Bälle auch »kills«, was martialisch klingt, aber natürlich möchte jede Spielerin genau davon möglichst viele machen.

Außerdem wurde ich zum zweiten Mal zur besten Spielerin in unserer Southeastern-Conference gekürt. Wir spielen in den USA zunächst in regionalen Divisionen, um anschließend im Erfolgsfall an den nationalen NCAA-Meisterschaften teilzunehmen. In den Vorjahren hatte für mich stets der Mannschaftserfolg über den persönlichen Statistikwerten gestanden, aber ich gebe zu, dass es mich überaus glücklich gemacht hat, mit meinen persönlichen Erfolgen einen Platz in den Geschichtsbüchern meiner Uni ergattert zu haben. Gerade als Stipendiatin möchte man ja zeigen, dass man es wert war. Und nicht zuletzt hatte ich während des Studiums viel durchgemacht und es tat unheimlich gut, im letzten Jahr eine schöne, entspannte Zeit zu haben. Ich fühlte mich zum ersten Mal wie eine richtige Studentin, verbrachte viel Zeit mit den Freunden, die ich in Spanien kennengelernt hatte, wir gingen Essen, tanzen oder ins Kino.

Natürlich gab es, verglichen mit gesunden Menschen, immer »irgendetwas«. Ich musste mich einige Zeit mit einem hartnäckigen »tic« herumschlagen, wie wir es in den USA nennen, ein nervöses Nackenzucken. Und zum Ende des letzten Semesters plagte mich außerdem heftige Übelkeit – und schon war ich häufiger in Arztpraxen als in der Turnhalle anzutreffen.

Die Ärzte waren ratlos und schlossen nicht aus, dass der Krebs zurückgekehrt war. Das überschattete meine unbeschwerte Zeit, aber zum Glück kam dann die erlösende Nachricht, dass nichts Gravierendes gefunden worden war. Kein Krebs also. Die Beschwerden seien Langzeitfolgen meiner Chemotherapie.

Am Ende hatte ich mein Spanisch-Studium mit dem Bachelor abgeschlossen. Das war ein Riesenerfolg für mich, denn ich hatte durch all meine Krankheiten stets weniger Zeit als die anderen. Mein Bruder und ich waren somit die ersten aus der Familie mit einem Master-Abschluss.

Mir stand die Welt offen – aber ich hatte mich längst entschieden: Volleyball wird mein Beruf. Mein Lebenselixier, meine Kraftquelle – diese Entscheidung war mir nicht schwergefallen. Manche Dozenten wunderten sich darüber und fragten mich: »Du kannst doch überall arbeiten mit deinen hervorragenden Noten. Warum willst du dich auf den Sport konzentrieren?«

Ich entgegnete: »Arbeiten kann ich nach dem Volleyball noch lange genug. Ich möchte sehen, wie weit ich es im Profisport schaffen kann.«

Bevor ich meine Reise nach Frankreich im August 2017 antrat, gönnte ich meinem geschundenen und schon mehrfach reparierten Körper nach dem letzten Spiel für die Uni-Mannschaft im November 2016 die notwendige Pause und Rehabilitation. Ich ruhte mich aus, berührte keinen einzigen Ball für rund sechs Monate.

Stattdessen machte ich täglich Übungen mit der Physiotherapeutin, um meine Schulter, den Rücken und meine Sprunggelenke zu kräftigen. Meine Knie ließ ich mit Spritzen behandeln, um die Regeneration zu verbessern. Ich wollte mich körperlich so gut in Form bringen, wie es möglich war, damit ich physisch bestens präpariert war für mein erstes Jahr als Profi-Sportlerin.

Gleichzeitig wollte ich das Leben genießen und nicht ständig an das Training denken, sondern auch mal loslassen, nichts tun, durchschnaufen.

Nur einmal machte ich etwas Blödes, das mir etwas von meiner wertvollen freien Zeit klaute: Ich setzte einfach mal so meine Antibiotika ab. Das, was die meisten temporär nehmen, wenn sie eine ernsthafte bakterielle Infektion haben, hatte ich mein ganzes Leben lang zur Vorbeugung genommen. Keine Ahnung, warum ich dachte, dass es eine gute Idee sei – vielleicht, weil ich mich einfach so gut fühlte und glaubte, ich käme bestimmt ohne gut aus.

Die »Strafe« dafür folgte schnell: Nach ein paar Tagen bekam ich eine Nierenbeckenentzündung, die wirklich schlimm war. Dagegen verschrieb mir mein Arzt, tada, Antibiotika, also das, was ich eigentlich nicht mehr einnehmen wollte. Die Nierenbeckenentzündung war ein Vorgeschmack auf das, was noch alles in meinem Leben an Infektionen folgen sollte.

Aber das wusste ich zu dem Zeitpunkt zum Glück nicht und deswegen genoss ich in vollen Zügen, was im Mai 2017 passierte: Ich erhielt eine Einladung, die überraschender nicht hätte sein können: Der Volleyball-Nationaltrainer lud mich ins Trainingscamp der amerikanischen Frauen-Nationalmannschaft ein. Ich sollte bei dem Team vorspielen, das bei den Sommerspielen in Rio de Janeiro Bronzemedaille gewonnen hatte und bereits Weltmeister war.

Ich flippte vor Freude fast aus. Das kam einem Ritterschlag gleich, schließlich gab und gibt es in den USA viele herausragende Volleyballerinnen – und ausgerechnet ich war ausgewählt worden.

Ehrlich, ich kann kaum beschreiben, wie surreal es war, am ersten Tag in der Umkleidekabine zu sitzen und nach und nach all die großen Namen hereinkommen zu sehen, die ich bisher nur durchs Fernsehen kannte. Ich dachte, ich träume. Ich stand neben Weltklassespielerinnen wie Rachael Adams, Alisha Glass und Foluke Akinradewo. Und zu meinem Erstaunen waren sie ganz normale Menschen. »Hi Krystal«, sagte Rachael Adams zu mir, »schön, dass du hier bist und uns aufmischen willst.« Ja, das wollte ich.

Die erste Woche verlief jedoch sehr holprig, richtig schlecht sogar. Ich war meganervös und mir fehlte die Spielpraxis, weil ich einige Monate gar nicht gespielt hatte, einmal schmetterte ich sogar den Ball unterhalb des Netzes hindurch. Das ist mehr als ein Eigentor, eine Blamage. War mir das peinlich.

Dafür lief die zweite Woche umso besser. Ich hatte mich an die höhere Spielgeschwindigkeit, an das Weltklasseniveau, gewöhnt und konnte endlich auf mich aufmerksam machen, meine Stärken als Außenangreiferin einbringen: meine Sprungkraft, mein feines Auge für die Lücken auf dem Spielfeld, meine Härte und Präzision in den Schlägen. Ich kann ja die Bälle auf bis zu 110 Stundenkilometer beschleunigen. Meine statistischen Werte waren als drittbeste Punktesammlerin mit hoher Quote bei erfolgreichen Schmetterbällen recht vorzeigbar.

Es stand dann ein weiteres Trainingsspiel auf dem Programm, vor Publikum. Wir spielten sechs Sätze bis 15 Punkte mit wechselnden Teams. Ich durfte erst in den letzten beiden Sätzen auflaufen, was für mich sofort ein Zeichen dafür war, dass ich das Trainingscamp wieder vorzeitig verlassen muss. Doch dann trumpfte ich auf, machte viele Punkte und prägte die Partie. Nach dem Spiel war ich ziemlich euphorisiert. Die Fans waren ebenfalls beeindruckt von meiner Leistung.

»Du hast super gespielt und gehörst in jedem Fall ins Team«, sagten sie zu mir. Ich liebte es, Teil der Nationalmannschaft sein zu dürfen und mich mit den Besten messen zu können.

Aber mein Bauchgefühl hatte mich nicht getäuscht: Das Trainerteam sortierte mich nach den zwei Wochen aus. Klar war ich enttäuscht, aber Cheftrainer Karch Kiraly, der bis heute die Mannschaft trainiert und eine Trainerlegende in den Staaten ist, sagte zu mir: »Wir wollen dich beim nächsten Mal noch besser sehen.«

Ich war erleichtert, dass ich es nicht komplett verbockt hatte und ich wieder eingeladen werden würde. Kiraly wollte außerdem, dass ich bei der Universiade in Taiwan für das US-Team spiele. Das war zwar nicht die richtige US-Nationalmannschaft, aber dennoch konnte ich stolz darauf sein, dafür auserkoren zu sein. Und meine erfolgreiche Teilnahme würde mich der Nationalmannschaft näherbringen und ich blieb so in Kontakt zu den Verantwortlichen des US-Teams.

Doch bevor ich bei der Universiade für mein Land auflief, kehrte ich nach dem Trainingscamp erst einmal in mein Uni-Appartement zurück und hatte das Angebot vorliegen, einen Monat auf den Philippinen spielen zu können. Mein Agent sagte mit süffisantem Unterton: »Du kannst da schön Urlaub machen und nebenbei ein wenig Volleyball spielen.« Da ich mich körperlich hervorragend fühlte und über den Sommer hinweg in einer Mannschaft auflaufen wollte, sagte ich zu und ging dort hin.

An einen Strandurlaub verschwendete ich aber keinen Gedanken, ich wollte spielen, erfolgreich spielen. Aber dann saß ich nach einer fast 30-stündigen Anreise zunächst doch mehr am Meer. Unfreiwillig. Die strengen philippinischen Statuten sahen vor, dass ausländische Spielerinnen erst in der Finalserie eingesetzt werden durften. Zum Glück qualifizierte sich meine Mannschaft locker für die Endrunde – und so konnte ich zeigen, was ich kann. Am Ende war es eine großartige Erfahrung, weil ich auf Anhieb als Profispielerin meinen ersten Titel holte und sehen konnte, dass ich nicht nur auf der Uni eine auffällige Spielerin war.

Danach stand in Taiwan die Universiade an. Man muss es sich so vorstellen wie die Olympischen Spiele, nur für Studenten. Es ist eine wunderbare Zusammenkunft mit Sportlern aus aller Herren Länder samt Athletendorf und riesiger Mensa. Und es ging nicht nur alleine um den Sport, denn wir durften abseits des Turniers in die taiwanesische Kultur eintauchen. Wir bewunderten die traditionelle Indigo-Färberei und besuchten in der Hauptstadt Taipeh den 101-Wolkenkratzer – bis 2007 das höchste Gebäude der Welt.

Sportlich waren wir dagegen nicht sehr erfolgreich, wir schieden bereits nach den Gruppenspielen aus. Das war zwar eine große Enttäuschung, aber ich genoss es trotzdem, auf den Philippinen und in Taiwan zu spielen, und das zeigte mir, dass es die richtige Entscheidung war, im Ausland meine Karriere fortzusetzen.

Mit diesen tollen Erfahrungen im Gepäck flog ich nach Frankreich.

Allerdings kam ich erst im September und nicht wie ursprünglich vorgesehen im August an – ich hatte Visa-Probleme.

Die Trainer, meine Spielerinnen und das Management, sie nahmen meine Verspätung relativ entspannt, obwohl ich Teile der Vorbereitung dadurch verpasste. Sie waren einfach froh, dass ich da war, denn sie hatten große Pläne mit mir. »Wir haben dich sehnsüchtig erwartet«, sagte der Trainer. Auch meine neuen Teamkolleginnen empfingen mich herzlich.

Die erste Zeit war schon recht happig und gewöhnungsbedürftig – nicht nur das Autofahren. Ich lebte nun zum ersten Mal richtig in Europa und in meiner ersten eigenen Wohnung. Meine Studentenbude auf dem Campus in Tuscaloosa war ja eher ein betreutes Wohnen gewesen, ich konnte in der Mensa frühstücken, Mittag- und Abendessen gehen. Jetzt war ich erstmals auf mich allein gestellt, musste selbst für mich sorgen, kochen, waschen, bügeln. Einfach alles machen – eine große Umstellung.

Colombiers selbst war ganz reizend, nur 20 Kilometer vom Mittelmeer entfernt, aber sehr klein. Ein Dorf mit nur rund 2.500 Menschen – in meiner Wahrnehmung waren das nur Ältere und viele Hunde. Béziers, die Stadt, in der wir spielten, war deutlich größer, sie hat knapp 80.000 Einwohner, mit dem Auto brauchte ich rund zehn Fahrminuten zur Halle, um Volleyball zu spielen. Es herrscht eine tolle Atmosphäre darin, wenn sie mit vielen Menschen gefüllt ist.

Damit ich es dorthin mit einer gänzlich fremden Gangschaltung allein im Auto schaffte, nahm ich bei meiner Mitspielerin Unterricht. Mir fiel vor allem das Anfahren schwer, eine Schnecke war schneller, so dass hinter mir immer die Autos ungeduldig hupten oder sich die Franzosen gestenreich über mich beschwerten. Wir übten dafür auf einem großen Supermarkt-Parkplatz. Ich saß also am Steuer, um mich weiter mit der neuen Technik anzufreunden, meine Mitspielerin neben mir. »Setzte zurück und fahre danach wieder vorwärts«, wies sie mich an.

Ich fuhr also rückwärts und zögerte dann jedoch einen Moment zu lange, und als ich wieder anfahren wollte, ging es einfach nicht mehr. Ich kam nicht mehr vom Fleck, egal was ich versuchte.

Neben uns parkte ein Auto auf dem Parkplatz, die Leute, die darin saßen, hatten sich im Fastfood-Restaurant nebendran etwas zu essen geholt. Als sie mich sahen, lachten sie, sie lachten mich aus. Und ich war richtig frustriert.

»Shit«, schrie ich und sagte zu meiner Kollegin: »Das Autofahren mit Gangschaltung werde ich nie hinbekommen.«

Sie schaute mich an und antwortete: »Ich bin seit drei Jahren in Europa, ich habe es auch geschafft.«

Und wir mussten beide lachen.

Irgendwann konnte ich zwar allmählich mit der Gangschaltung umgehen, aber ich war weiter sehr verunsichert und nervös, wenn ich fahren musste. Wahrscheinlich unternahm ich deswegen nicht besonders viel in meiner Freizeit. Stattdessen schaute ich Netflix, nahm ein Fernstudium in Wirtschaft auf und lernte ein bisschen zu programmieren, um mir die Zeit auf sinnvolle Art zu vertreiben.

Beim Volleyball hatte ich viel weniger Anlaufschwierigkeiten als beim Autofahren. Es lief sogar viel besser, als ich erwartet hatte. Für mich ganz persönlich und auch, was die Leistung der gesamten Mannschaft betraf.

Als die Saison losging, waren alle bereit, gierig und hungrig auf Siege. Wir gewannen am Anfang alle Spiele recht mühelos und schlugen selbst die französischen Spitzenmannschaften. Mir gelangen viele gute Spiele und zahlreiche Punkte. Ich war glücklich und stolz auf die Mannschaft und auf mich, weil ich merkte, dass ich auf diesem hohen Niveau in Europa nicht nur mithalten, sondern auch eine prägende Spielerin sein konnte. Ich war zuversichtlich für die Meisterrunde.

Aber es blieb nicht durchgehend so. Zwischendurch hatten wir eine schwierige sportliche Zeit zu überstehen. Das Zusammenspiel klappte nicht wie gewünscht. Und auch ich suchte meine Bestform. Es war deshalb wenig verwunderlich, dass wir das Pokalfinale, den zweiten Wettbewerb neben der Meisterschaft, überraschend verloren.

In dieser angespannten Phase zeigte sich, dass wir eine ziemlich merkwürdige Teamchemie hatten. Grüppchen entstanden: Die ausländischen Spielerinnen blieben unter sich, die französischen separierten sich.

Außerdem fühlte ich mich von allen Seiten plötzlich unter Druck gesetzt. Als es gut lief, erhielt ich zahlreiche Komplimente. »Du bist unglaublich, so stark und sprunggewaltig. Du gewinnst so viele wichtige Spiele für uns«, hieß es da von meinen Mitspielerinnen.

Doch als wir in die Schwächephase hineinrutschten, war vor allem ich es, die alles abbekam. Alle, sowohl die ausländischen als auch die französischen Mitspielerinnen, kritisierten mich scharf. »Du machst so viele Fehler«, hieß es plötzlich. »Warum gehst du immer auf den direkten Punktgewinn und riskierst so viel?« Die Zuspielerin verbot mir auf einmal, bestimmte Bälle zu spielen.

Erst dachte ich damit umgehen zu können, aber dann merkte ich zunehmend, dass es mich stärker beschäftigte, als es mir lieb war.

Und als mich der Manager des Vereins darüber hinaus zu sich in sein Büro rief, dachte ich schon: »Oh, sind sie so unzufrieden mit mir?«

Ich erwartete eine Standpauke, erfuhr aber – Zuneigung. »Krystal«, sagte er zu mir, »wir sind glücklich mit dir und glauben an dich und dass du alle besser machst mit deiner Energie, Hingabe und deinem Enthusiasmus.«

Ich bekam die Lobeshymnen allerdings erst nach fünf Minuten mit, weil er es auf Französisch vortrug und ich zunächst überhaupt nichts verstand. Aber diese Wertschätzung, dieses Vertrauen in meine Stärken tat mir gut.

Wir kamen alle wieder aus der kurzen Krise raus. Mehr noch: Wir holten später sogar die Meisterschaft – die erste in der Klubhistorie. Zudem gewann ich die Auszeichnung für die beste Spielerin der Finalserie.

Mein ganz persönlicher Erfolg allerdings war, dass es mir psychisch richtig gut ging in Frankreich.

Die kritische Phase mit meinen Mitspielerinnen überstand ich unbeschadet. Als es losging, hatte ich mit mir gerungen, ob ich gegen den psychischen Stress lieber wieder präventiv Antidepressiva nehmen sollte? Ich entschied mich gegen die Tabletten, stattdessen verordnete ich mir einen streng geregelten Tagesablauf.

Meine Morgenroutine bestand darin, erst einmal ganz in Ruhe und ohne Ablenkung meinen Kaffee zu trinken, um richtig aufzuwachen und durchzuatmen. Dann meditierte ich ein wenig. Abends kochte ich mir Tee, um herunterzukommen, ging raus in die Natur und schrieb Tagebuch. Ich wollte einen Weg finden, um gewappnet zu sein für neue herausfordernde Momente, die jederzeit kommen könnten.

Es gibt noch immer Zeiträume in meinem Leben, in denen ich schlimme Angst bekomme oder mir große Sorgen mache. Ich greife dann auf diese Routinen zurück, die ich mir angewöhnte, als ich meine Medizin absetzte.

Ich weiß nicht, ob meine psychischen Probleme jemals so ausgestanden sein werden, dass sie keinen Einfluss auf mein Leben mehr haben werden. Aber es war nie der Plan, dass ich die Antidepressiva ewig einnehmen muss.

Ich habe keine richtig ernsthaft pathologische Störung, sondern allgemeine Angstzustände und Ähnliches, die es nicht erforderlich machen, dass ich Tabletten bis zum Ende meines Lebens benötige. Und nachdem ich meinen Uni-Abschluss hatte und mich dazu entschied, nach Frankreich zu gehen, lag die letzte Panikattacke schon länger zurück, obwohl ich die Dosis meiner Medikamente schon verringert hatte.

Das war auch der Verdienst meiner Therapeutin, durch sie lernte ich mit Situationen, die mir zusetzen, so umzugehen, dass ich mich auch ohne Medizin im seelischen Gleichgewicht bewegen konnte. Meine Stimmungsschwankungen verbesserten sich zunehmend. Ich fragte die Psychologin, was nun ihr Plan sei und was sie mir raten würde. »Kann ich die Medizin denn ganz absetzen?« Sie antwortete: »Dagegen spricht aus meiner Sicht nichts. Aber wenn du noch ein Gefühl der Unsicherheit haben solltest, würde ich es sein lassen.«

Ich fühlte mich tatsächlich ein wenig unwohl, bevor ich nach Frankreich ging. Ich wusste, trotz aller Vorfreude, dass mit dem Umzug nach Frankreich wieder eine große Veränderung auf mich zukommen würde und es Dinge geben könnte, die mich aufregen und überfordern.

Deshalb nahm ich die Medikamente noch drei bis vier Monate, nachdem ich in Colombiers angekommen war.

Dann aber schlich ich sie langsam aus, das heißt, ich drosselte die Dosis Woche um Woche. Ganz geheuer war mir das nicht. Ich war unsicher, ob ich schon bereit dazu war. Durch meine Medikamenteneinnahme und meine zahlreichen Therapiesitzungen hatte sich meine Sicht auf Psychopharmaka grundsätzlich gewandelt. Ich lehnte sie nicht mehr per se ab, sondern betrachtete sie als nützliche, ja lebensnotwendige Unterstützung. Oft wird es in der Gesellschaft noch immer stigmatisiert, Medikamente gegen psychische Probleme zu schlucken. Aber am Selbstmord meines Ex-Freundes kann man gut erkennen, dass schwere Depressionen eine Krankheit sind, die unbedingt behandelt werden muss.

Ich war zum Glück nie so schlimm krank wie er, aber meine Panikattacken oder Angstzustände griffen massiv in mein Leben ein. Sie halfen mir jedoch gleichzeitig dabei, viele Dinge richtig einzuordnen.

Wenn ich auf meine erste Spielzeit im Ausland zurückblicke, dann kann ich kaum fassen, dass ich über die gesamten Monate hinweg gesund blieb. Sonst war ja eigentlich immer irgendetwas gewesen. Aber ich verletzte mich nicht, fühlte mich körperlich und psychisch so gut wie nie zuvor, mal abgesehen von der gelegentlichen Übelkeit, die ja seit der Universität immer mal wieder bei mir zu Gast gewesen war.

Um ehrlich zu sein, dachte ich, dass das mit der komplikationslosen Zeit jetzt immer so weitergehen würde.

Und ich war überglücklich, dass meine Entscheidung, nach Europa zu gehen, die richtige war.

Für mich stand fest, dass ich weiter im Ausland Volleyball spielen möchte.

Die Welt sehen und dabei erfolgreich meinen Lieblingssport ausüben – das empfand ich als unschlagbare Kombination.

KAPITEL 13

STUTTGART IST MEINE GROSSE LIEBE

Kennen Sie das Wort Stäffele? Es ist das, wie ich finde, sehr schöne schwäbische Wort für Treppen.

Stäffele gibt es jede Menge in Stuttgart, der Stadt, in der ich lebe, gerade mal einen Volleyballwurf entfernt von unserer Spiel- und Trainingshalle im Neckarpark.

Die Stäffele führen hinauf in die berühmten Halbhöhenlagen. Von hier oben tun sich bezaubernde Blicke auf den engen Talkessel des Nesenbachtals auf. Es ist von fast allen Seiten von Weinbergen gesäumt, die hinunterreichen bis in die Innenstadt.

Stuttgart erinnert mich ein bisschen an meine Heimatstadt Birmingham. Von der Einwohnerzahl her und den Dingen, die man dort machen kann. Dabei ist Stuttgart mit seinen mehr als 600.000 Einwohnern tatsächlich fast dreimal so groß wie Birmingham.

Es ist zwar eine Großstadt, aber man hat nicht das Gefühl, in einer solchen zu leben und sich von den vielen Menschen und dem Lärm überflutet zu fühlen. Das schätze ich sehr an Stuttgart und fand die Stadt auf Anhieb sympathisch, nachdem ich in Frankreich in einem kleinen Dorf gelebt hatte.

Natürlich gibt es auch große Unterschiede zwischen europäischen und amerikanischen Städten. Allein schon am öffentlichen Nahverkehr merkt man das. In meiner Heimatstadt sucht man diesen praktisch vergeblich, während ich in Stuttgart einfach in Bus oder Stadtbahn einsteigen kann, um bequem von A nach B zu kommen. Manchmal fahre ich sogar in einer Stadtbahn mit, die mein Konterfei ziert. Das ist ein gutes und schönes Gefühl. Dass ich mal so etwas wie das Aushängeschild eines Klubs werde, ein Werbegesicht, hätte ich als Studentin so wahrscheinlich gehalten wie Urlaub auf dem Mars zu machen.

In den Außenbezirken von Birmingham, wo ich aufgewachsen bin, gab es nicht viele Möglichkeiten, ins Zentrum zu gelangen oder in der Umgebung Sachen zu unternehmen. Erst als ich älter wurde, entdeckte ich die anderen Stadtteile, die Kultur und besondere Stimmung der älteren Viertel.

An Stuttgart mag ich diese bunte Mischung aus verschiedenen Kulturen, Nationalitäten und Ethnien. Im Zentrum stehen moderne und alte Gebäude dicht beisammen, wie das Neue und das Alte Schloss, und ich liebe es, am Schlossplatz ins Kunstmuseum zu gehen.

Mir gefallen die Parks mitten in der Stadt oder auf dem Killesberg, die Grünflächen, die Halbhöhenlagen – und eben all die Stäffele, die ich gern mal in mein Trainingsprogramm einbaue.

Niemals aber hätte ich gedacht, dass ich so lange bleiben würde. Jetzt lebe ich schon seit Sommer 2018 in der Landeshauptstadt von Baden-Württemberg. Das hat natürlich viel mit meinem Klub Allianz MTV Stuttgart zu tun.

Schon vom ersten Moment an fühlte ich mich dort wie zu Hause. Obwohl ich das erste Mal in Deutschland war, in einem neuen Land, in einer neuen Stadt, in einem neuen Klub. Und nicht den Hauch einer Ahnung hatte, was mich erwarten würde.

Vielleicht lag es ja daran, dass ich mittlerweile keine Probleme mehr hatte mit Gangschaltungen …

Ganz sicher hat der Eindruck, dass sich die Verantwortlichen darüber freuten, dass ich mich für sie entschieden hatte, zu meinem sofortigen Wohlbefinden beigetragen.

Der Klub hatte immer das Ziel, die Meisterschaft zu gewinnen – die Spielerinnen, die schon mehrere Jahre im Verein waren, arbeiteten hart daran und waren mehrmals als Zweite kurz davor gewesen. Dass ich dann zu den Spielerinnen gehören durfte, die diesen lang gehegten Traum gleich nach der ersten Saison Wirklichkeit werden ließen, schaffte auf hinreißend schöne Art eine sehr enge Verbindung zu dem Verein und zu allen, die daran mitgewirkt haben. Wir werden immer Teil der Klubgeschichte bleiben, das ist ein wunderbares Gefühl.

Die Art und Weise, wie sie beim MTV mit allen Spielerinnen umgehen, also auch mit mir, als ich neu in Stuttgart ankam, ist beeindruckend.

Sie umarmen dich mit einer Herzlichkeit, die es eigentlich nur in einer Familie gibt. Hier im Verein bist du nicht bloß eine neue, ausländische Spielerin, eine von vielen, die nach ein paar Monaten schon wieder einen neuen Namen trägt, weil die Vorgängerin weitergezogen ist zum nächsten Ort, wo es mehr zu verdienen gibt. In Stuttgart behandeln sie alle mit der gleichen Höflichkeit und Wärme. Das Management und die gesamten Mitarbeitenden interessieren sich wirklich für uns Spielerinnen, auch welche Persönlichkeit sich hinter der Sportlerin befindet. Ihnen ist es ein echtes Anliegen, herauszufinden, wie es uns geht und ob wir uns auf und abseits des Parketts wohlfühlen. Ich habe in Stuttgart etwas gefunden, was man nirgends kaufen oder durch einen lukrativen Vertrag erhalten kann: ehrliche und gegenseitige Wertschätzung.

Für viele Volleyballspielerinnen ist Italien das große Sehnsuchtsland. Dort befinden sich sehr gute Mannschaften und das Gehalt und die Lebensqualität sind ebenfalls nicht zu verachten.

Auch von mir hatten viele, die aus professioneller Sicht meine Karriere verfolgten, angenommen, dass es mich nach Italien ziehen würde. So wie Isabelle Haak, eine schwedische Mittelangreiferin, die ein Jahr vor mir zu den Béziers Angels in Frankreich gekommen war. Gerade mal 17 Jahre alt, war sie so erfolgreich und spielte so auffällig, dass sie auf Anhieb zur wertvollsten Spielerin der französischen Liga gekürt wurde.

Nach nur einer Saison in Frankreich ging sie zunächst nach Italien, dann in die Türkei und gehört heute zu den besten Spielerinnen auf ihrer Position weltweit. Inzwischen spielt sie wieder in Italien beim Spitzenklub Imoco Volley, der 2021 und 2024 die Champions League gewann.

Und nachdem ich die Meisterschaft mit Béziers errungen hatte, hatte ich definitiv auf mich aufmerksam gemacht in Europa. Bis dahin war ich bei vielen Vereinen unterm Radar geflogen.

Ich wollte einfach nach dem ersten Jahr in Frankreich als Berufsspielerin den nächsten für mich logischen Schritt machen. In einer besseren Liga spielen, in einer Mannschaft, die auch in der Champions League mitmischt – dem stärksten und bedeutensten internationalen Klubwettbewerb, den es im europäischen Vereinsvolleyball gibt. Hier spielen die weltweit besten Spielerinnen.

Ich hatte zwar erste lose Anfragen aus Italien. Aber dann rief mich Tamari Miyashiro an, sie war damals die Co-Trainerin bei Allianz MTV Stuttgart sowie der Assistant Coach der amerikanischen Frauen-Nationalmannschaft – also jene Trainerin, die mir die Einladung für die Universiade geschickt hatte. Miyashiro hatte zwischen 2014 und 2016 selbst in Stuttgart gespielt und mit dem Klub den Pokalwettbewerb gewonnen, zweimal hatte sie das Finale um die deutsche Meisterschaft erreicht.

»Wir wollen um dich herum eine starke Mannschaft aufbauen«, verkündete sie mir. Sie stellte den Kontakt zum damaligen Cheftrainer Giannis Athanasopoulos her. Ich hatte mit den beiden sehr positive Gespräche und war daher aufgeschlossen, künftig in Deutschland meine Karriere fortzusetzen. Mein Agent bestärkte mich: »Mach das«, sagte er, »die Bundesliga ist eine gute Liga mit guten Spielerinnen. Da kannst du dich weiter entwickeln und besser werden.«

Der Klub schien für mich der passende Ort für den nächsten Schritt. Dieser sogenannte »nächste Schritt« gilt oft als Synonym für eine bessere Bezahlung. Natürlich ist auch mir Geld nicht ganz unwichtig, schließlich sind wir Profisportlerinnen auf Zeit. Daher ist es nur legitim, so viel herauszuholen wie möglich.

Aber Geld ist nicht alles für mich. Ich möchte mich bei einem Verein wertgeschätzt fühlen, ernstgenommen und will auf hohem Niveau spielen, um mich verbessern zu können. Wäre mir das alles egal, dann hätte ich das Angebot aus Rumänien annehmen müssen, wo ich deutlich mehr hätte verdienen können als in Stuttgart. Aber ich fühlte mich wohl beim Gedanken daran, mir künftig das Stuttgarter Trikot überzustreifen – und unterschrieb den Vertrag. Bei diesem ehrgeizigen Klub sah ich alle Chancen für mich, mein Potenzial so entfalten zu können, dass ich die beste Version meiner selbst werden könnte.

Leider plagten mich bei Vertragsabschluss innerlich starke Selbstzweifel: Ich war noch nicht besonders überzeugt, ob ich als Berufssportlerin nach dieser Saison weitermachen wollte. Ob ich den Profisport nicht lieber auf dem vorläufigen Höhepunkt aufgeben sollte. Nach nur zwei Jahren.

Ich spielte für die Nationalmannschaft meines Landes und war in Frankreich zur besten Spielerin der Finalserie gekürt worden. Ich hatte alles erreicht, wovon ich immer geräumt hatte.

Heute kann ich es offen zugeben, dass ich mir schon ganz konkrete Pläne machte, was ich mit meinem Leben danach anstellen wollte. Weiter studieren, zurück in die USA auf eine Technische Hochschule gehen. In Frankreich hatte ich neben einem Fernstudium in Wirtschaft damit begonnen, mir selbst das Programmieren beizubringen, das gefiel mir.

Es waren nicht die naheliegenden Gründe, die mich zu diesen Gedanken bewogen. Mich belasteten weder große gesundheitliche Probleme noch übermäßiges Heimweh. Gründe, die häufig zu einem früheren Karriereende besonders bei ausländischen Spielerinnen führen. Bei war es vielmehr so, dass ich mich ein bisschen vom Volleyball entfernt hatte. Ich spürte nach der schlechten Phase in Frankreich, als meine psychischen Probleme kurzzeitig stärker auftraten, nicht mehr diese grenzenlose Liebe in mir zu diesem Sport. Dieses Brennen, das als Profisportlerin nötig ist, um seinem Beruf alles unterzuordnen und erfolgreich sein zu können, war nicht so stark. Und es gab noch andere Dinge, die mich bedrückten, der Druck zum Beispiel, den ich mir selbst machte.

Aber es sollte dann eine unglaubliche Saison werden in Stuttgart, eine Saison, die all diese Selbstzweifel einfach mal eben wegspülte, wie die Wellen die schönen Burgen am Strand aus Sand.

Neben mir gehörten noch weitere vier Amerikanerinnen zum Team. Das lag zum einen daran, dass die Co-Trainerin aus den USA stammte. Und zum anderen an den großen Ambitionen des Klubs in der Champions League. Es waren allesamt sehr gute Spielerinnen. Mit zwei von ihnen, Sarah Wilhite und Paige Tapp, spielte ich in jenem Sommer 2018 gemeinsam in der Nationalmannschaft beim Panamerican Cup in der Dominikanischen Republik. Nach meiner erfolgreichen Saison in Frankreich schaffte ich es in das amerikanische Aufgebot für das Turnier. Wir gewannen im Endspiel gegen die Gastgeberinnen mit 3:2. Wieder zurück in der Nationalmannschaft zu sein und mich dort prima verkauft zu haben, steigerte mein Selbstvertrauen enorm.

Bevor ich nach Stuttgart zog, erkundigte ich mich nicht nur danach, welche Landsleute von mir im Kader standen, sondern auch welche Qualität meine neuen Mitspielerinnen hatten. Und mir fiel auf, dass ich auf meiner Position mit der Niederländerin Deborah van Daelen plötzlich eine Konkurrentin hatte – zum ersten Mal überhaupt in meiner Karriere. Das machte mir ein wenig zu schaffen, weil ich mir nicht definitiv sicher war, ob ich tatsächlich die Nummer eins als Diagonalangreiferin werden würde – wie es eigentlich abgesprochen war. Einen direkten Wettbewerb um die Startformation kannte ich so nicht von der Uni oder aus meiner Zeit in Frankreich, als wir nicht einmal eine Ersatzspielerin für mich hatten. Ich sah zudem in den Statistiken, dass van Daelen in der Vorsaison sehr häufig auf dem Parkett stand. Alles Daten und Zahlen, die mich beeindruckten und quälten. »Wie sollte ich nur an dieser erfahrenen Spielerin vorbeikommen?«, fragte ich mich. »Wie sollte das bloß gehen?«

Als ich dann in Stuttgart die ersten Tage verbrachte und das erste Mal meiner neuen Mannschaft begegnete, war mir auf Anhieb gleich vieles sympathisch. Die Mitspielerinnen zum Beispiel, die mich sehr herzlich empfingen. Van Daelen war damals die Kapitänin, auch sie war reizend zu mir. »Es ist cool, dass du dich für uns entschieden hast«, sagte sie. Sie ließ mich nicht spüren, dass ich ihre direkte Rivalin war, im Gegenteil. Sie half mir, mich schneller überall zurechtzufinden.

Als wir dann zum ersten Training zusammenkamen, dachte ich nur: »Oh my god. Die spielt ja richtig, richtig gut.« Sorgen machte ich mir allerdings nicht mehr, die Freude, Teil einer so starken Mannschaft sein zu dürfen, überwog nun. Auch das ganze Umfeld mit dem Trainerteam, die Professionalität rundherum, das passte alles, ich war mir sicher, dass ich die richtige Entscheidung getroffen hatte und wir gemeinsam Titel gewinnen würden. Und nach einer Spielzeit wäre ich ja ohnehin wieder weg.

Mein erster positiver Eindruck sollte mich nicht trügen. Wir überstanden die Qualifikation für die Champions League locker und erreichten auch das Pokalfinale. Mehr noch: Alle spielten so gut, dass wir in der Champions League bis ins Viertelfinale kamen, als erste deutsche Mannschaft überhaupt.

Das war ein großer Erfolg, weil das Niveau unheimlich hoch ist. Im Pokalfinale hatten wir zwar das Nachsehen, was für uns eine große Enttäuschung war, aber wir sicherten uns dafür die Meisterschaft – zum ersten Mal in der Vereinshistorie.

Wenn ich auf diese erste Saison beim MTV zurückblicke, war diese sehr besonders. Wir waren eine echte Mannschaft, konnten uns aufeinander verlassen und jede arbeitete auf das eine große Ziel hin, erstmals deutsche Meister zu werden. Viele meiner Mitspielerinnen, die hier schon lange dabei waren, hörten danach wohlverdient auf mit dem Volleyball, van Daelen ebenso. Zu dieser außergewöhnlichen Gruppe zu gehören, erfüllte mich mit Stolz.

Auch meine Familie fieberte bei jedem Spiel mit. Meine Mama und mein Papa konnten unsere Partien wegen der Zeitverschiebung zwar nicht live ansehen. Aber sie schauten sich fast alle Videosequenzen an, die sie auf YouTube finden konnten. Mein Bruder und meine Tante Rosalind sind sogar hin und wieder bei den Spielen via Live-App dabei.

Und diese überwältigenden Erfahrungen, die ich in diesen Monaten sammelte, und die Gefühle, die ich für den Klub entwickelte, brachten mir auch die Liebe zum Spiel zurück.

Ich wusste jetzt wieder, warum mir Volleyball alles bedeutete. Die Anspannung und Zweifel vor den Spielen, dann die Erleichterung, die Freude nach Siegen. Die Verbindungen zum Klub, die Zuneigung der Fans – das war alles das, was ich tatsächlich wollte und vor allem auch tief in meinem Herzen spürte. Ich wollte weiterspielen und sehen, wie gut ich noch werden könnte. Die Gedanken in meinem Kopf, alles hinzuschmeißen und was ganz Neues zu machen, verpufften einfach so. Ich wusste schon im Januar oder Februar der laufenden Saison, dass ich meinen Vertrag verlängern würde – was ich dann auch tat.

Ich war mir nun außerdem sicher, dass mein Höhepunkt, auf dem man aufhören sollte, noch lange nicht gekommen war … Im Gegenteil, ich konnte mein Niveau immer weiter anheben.

In einer Mannschaft mit sehr guten Einzelspielerinnen war ich eine Spielerin geworden, die mit ihrer Sprungkraft, mit ihrer Wucht und Raffinesse in den Schlägen sowie ihrem Siegeswillen eine Partie fast allein entscheiden konnte. »Du hast dich schnell zu einer sogenannten Unterschiedsspielerinnen entwickelt«, sagte mein Trainer Giannis Athanasopoulos zu mir.

So gut es sportlich für mich in Stuttgart auch lief und ich mich so aufgehoben und wohl im Klub und in der Stadt fühlte, so viel schlechter ging es mir allerdings gesundheitlich wieder –

nach fast einem Jahr ohne nennenswerte Beschwerden kehrten meine ganzen Probleme mit voller Wucht zurück. Schon als ich in Stuttgart ankam, bekam ich ziemlich starke Magenschmerzen.

Weder die Ärzte noch ich konnten sich das zunächst erklären. Ich ließ mich wieder durchchecken – das übliche Prozedere mit MRT-, Röntgen-, Ultraschall- und Blut-Untersuchungen begann. Sogar meine Ernährung stellte ich um. Aber nichts half.

Ich realisierte irgendwann, dass es nur eine Möglichkeit für mich gab: Ich musste da irgendwie durch und so gut wie es eben geht damit leben. Wenn ich Volleyball spielte, merkte man mir meine Mühsal, meine Verzweiflung nicht an. Die Zuschauer sahen stets eine Krystal Rivers in Bestform, sie staunten und begleiteten meine erfolgreichen Schmetterbälle mit Aaahs und Ooohs. Ich bewegte mich weiter geschmeidig, sprang hoch und schmetterte die Bälle mit mehr als 100 Stundenkilometern ins gegnerische Feld, als würde es mir gutgehen.

Dabei hätte ich gar nicht spielen dürfen, wenn es nach den Ärzten gegangen wäre.

Wie ich das alles schaffte, das Schwierige trotzdem so leicht aussehen zu lassen? Ganz einfach: Ich wollte unbedingt, hinauszugehen in die Halle, das Adrenalin spüren, das durch meinen Körper rauscht, wenn alle gespannt auf den Anpfiff des Schiedsrichters warten und auf ein aufregendes Spiel hoffen: Dieses Gefühl ist durch nichts zu ersetzen. Wir Sportler lechzen danach wie ein Junkie nach dem nächsten Schuss.

In den vergangenen Jahren bin ich aber klüger geworden, ich höre nun gewissenhafter auf meinen Körper. Ich beachte seine Signale und verzichte auf einen Einsatz, wenn ich Fieber habe. Ich vermeide es auch, Schmerzmittel zu nehmen, um spielen zu können, wie auf der Uni, wo ich praktisch vor jeder Partie welche brauchte. Heute greife ich nur noch in wichtigen Playoffs-Spielen danach, wenn sich mein Knie oder mein Rücken mit Zipperlein melden.

Der Preis für diesen jahrelangen Raubbau war hoch und saugte zusätzlich Kraft aus mir, psychisch und physisch. Und führte dazu, dass ich immer mal wieder aussetzen musste, weil die Schmerzen mir so zusetzten. In der Vorbereitung konnte ich beispielsweise deshalb nicht zu Auswärtsspielen reisen oder verpasste nicht nur in der Champions League eine Begegnung in Frankreich, sondern musste auch die eine oder andere Trainingseinheit auslassen, weil es nicht mehr ging.

Das setzte sich fort, auch in meiner zweiten und meiner dritten Spielzeit.

Von meinen Mannschaftsärzten hörte ich weiter nur die gleiche Antwort, sie legten die gleiche Platte auf wie bei den anderen Gesprächen zuvor, sie war von Kratzern schon übersät. »Wir wissen nicht, wo die Ursachen für die Probleme liegen.« Ich konnte es nicht mehr hören.

Auch im Krankenhaus unterzog ich mich regelmäßig neuen Untersuchungen, Tests oder bildgebenden Verfahren – aber sie ergaben nichts.

Einmal meinte ein Arzt, dass es Hinweise auf einen Tumor gebe. Das waren schlimme Tage. Die Warterei auf einen endgültigen Befund trieb mich fast zur Verzweiflung. Ich wusste nicht, wie ich mich ablenken sollte. Sogar Volleyball half mir dabei nicht.

Zum Glück kam nach zwei, drei Tagen die erlösende Nachricht: »Du hast doch keinen Krebs«, sagte der Arzt und entschuldigte sich.

Er glaubte, dass die Schmerzen vom Narbengewebe meiner zahlreichen Operationen kommen würden. Und davon, dass ich auf dem College zu viele verschiedene Tabletten eingenommen hatte. »Schone deinen Magen, iss viele Ballaststoffe und wenn es nötig sein sollte, nimm Abführmittel ein«, riet er mir.

Aber auch das brachte nicht den gewünschten Erfolg, die Schmerzen blieben.

Während der Corona-Zeit, in der Saison 2020/21, musste ich wegen meiner anhaltenden Magenschmerzen in der regulären Saison einige Partien auslassen. Das war ohnehin eine komische Zeit. 2020 fand keine Meisterrunde statt, wir mussten uns ständig testen und durften nur ohne Zuschauer spielen.

2021 gab es zum Glück wieder Punktspiele und wir standen in der Finalrunde gegen Dresden und waren einen Sieg vom zweiten Meistertitel entfernt, als ich plötzlich Fieber bekam.

Ich rief unsere Sportdirektorin Kim Oszvald-Renkema an und beruhigte sie: »Keine Panik, das wird schon«, sagte ich zu ihr.

Sie antwortete nur: »Hast du etwa Corona?«

»Nein, mein Test war negativ«, entgegnete ich.

Doch in der Nacht stieg das Fieber trotz Antibiotika an, ich hatte 39,5 Grad. Obwohl ich in den USA mit Fahrenheit aufgewachsen bin, waren für mich als Biologiestudentin die europäischen Maßeinheiten nicht gänzlich fremd. Trotzdem dachte ich im ersten Moment: Es ist alles gut, ich habe nur einen kleinen Infekt. Ich erzählte am nächsten Morgen meinen Freunden davon, die sofort aufgeregt entgegneten:

»Du hast hohes Fieber. Dagegen musst du etwas unternehmen.«

Der Schnelltest im Krankenhaus war dann tatsächlich positiv. Diese Nachricht führte zu einigen hektischen und aufgeregten Stunden bei uns im Klub, weil sich nun alle Spielerinnen testen lassen mussten, um überhaupt weiter die Finalserie gegen Dresden spielen zu können. Dann stellte sich aber heraus, dass mein

PCR-Test negativ war. Aber ich musste im Krankenhaus bleiben, weil ich an einer furchtbaren und sehr schmerzhaften Nierenbeckenentzündung litt.

Die restlichen beiden Finalspiele der Serie verfolgte ich deswegen vom Bett aus am Fernseher. Meine Mannschaft kämpfte und wehrte sich tapfer, aber es kam nach einer Niederlage schließlich zum fünften und entscheidenden Spiel. Ich konnte es mir von zu Hause ansehen, weil mein Fieber in der Zwischenzeit abgeklungen war.

Aber dieses Spiel regte mich so auf, dass ich danach wieder eine erhöhte Temperatur bei mir messen konnte.

Eine Niederlage tatenlos vor dem Fernseher erleben zu müssen, ist noch schlimmer als auf dem Feld.

Nierenbeckenentzündungen waren meine Achillesferse. Schon während meiner Chemo hatte ich vier davon gehabt, auch nachdem ich das Antibiotika eigenhändig abgesetzt hatte. Sogar, als ich für die Nationalmannschaft 2019 spielte. Aber es war nie so schwer und folgenreich, dass ich deswegen ins Krankenhaus gemusst hätte.

Als ich diesmal entlassen wurde, empfahl mir der behandelnde Arzt, das Antibiotika abzusetzen, das ich mein Leben lang – bis auf die eine kurze, selbstverordnete Phase – bisher zur Vorbeugung in einer geringen Dosis täglich eingenommen hatte.

»Du nimmst es schon viel zu lange«, sagte er zu mir. Ich befolgte seinen Rat und nahm es nach zwei Wochen nicht mehr. Es hatte mich zusehends selbst beunruhigt, dass ich mein Leben lang dazu gegriffen hatte, obwohl man es höchstens für 18 Monate hätte nehmen dürfen, wie im Beipackzettel zu lesen war. Es war also gut und richtig, dass ich nun die Einnahme stoppte.

Dennoch hatte ich in diesem Sommer Angst davor, dass ich krank werden könnte, weil ich auf das Antibiotika verzichtete.

Es war alles seltsam irgendwie, weil ich ja auch mit dem Medikament immer wieder Entzündungen bekam.

Im Sommer 2021 ging es mir dann aber auf wunderliche Weise wirklich gut, ich hatte keine Infektion, kein Fieber, nichts. Ich verbrachte die meiste Zeit davon in den Staaten. Und als ich wieder nach Stuttgart kam, um die Vorbereitung auf die neue Saison zu starten, fühlte ich mich noch immer wunderbar.

Im Klub wollten wir dennoch nichts überstürzen und von Anfang an darauf achten, wie viele Trainingseinheiten mir noch guttun, wie stark ich mich belasten dürfte und wie viele Ruhephasen ich brauchte. Das war bei mir schon immer wichtig, aber diesmal wollten wir es noch gewissenhafter beherzigen. Das lief zunächst auch prächtig, ich konnte alle Vorbereitungsspiele mitmachen und fühlte mich körperlich in exzellenter Form, so gut wie seit Frankreich nicht mehr – bis zum ersten Spiel in Vilsbiburg.

Am Abend, bevor wir Richtung Bayern abreisten, wachte ich in der Nacht mit Schmerzen auf. Sie hatten eine Intensität, wie ich sie nie zuvor gespürt hatte. Nach keiner Operation, nach keiner Chemo.

Mein Magen und mein Rücken taten so weh, dass ich glaubte, sie würden jeden Moment implodieren.

Dennoch, und ich frage mich heute selbst, warum: Damals wollte ich keinen Krankenwagen rufen und unbedingt bis zum nächsten Morgen durchhalten, um dann selbstständig ins Krankenhaus zu gehen.

Ich schrieb meinem Trainer und meiner Physiotherapeutin eine Nachricht. Die Schmerzen wurden im Laufe der Nacht tatsächlich besser, ich konnte alleine am nächsten Morgen in die Klinik fahren. Dort verschieb mir der Doktor vorsorglich ein Antibiotikum, ich konnte wieder heimgehen. Ich erholte mich, ruhte mich aus, während meine Mannschaftskolleginnen nach Vilsbiburg reisten.

In dieser Zeit verschob sich aber etwas in meinem Leben, ich bekam diese starken Infektionen nun regelmäßig. Sie folgten keinem Muster – und kamen aus heiterem Himmel, ohne jedes Anzeichen einer Gewitterwolke, um im Bild zu bleiben.

Ich konnte nach einer normalen Nacht plötzlich am Morgen mit Fieber oder Schmerzen aufwachen, ohne einschätzen zu können, warum das jetzt so war. Mit Antibiotika bekam ich das wieder in den Griff, ich nahm es dann jeweils fünf Tage lang zweimal täglich. Die Ärzte hatten jedoch keine Idee, keine Lösung für meine gravierenden Probleme.

Sie sagten lediglich: »Trinke viel und beobachte deine Belastungen im Sport.« Sie glaubten, dass es vom Training kommen könnte, dass mein Körper gegen die Intensität der Übungseinheiten rebellieren würde.

Das erste Mal in meinem Leben fühlte ich mich wirklich krank. Dieses ständige Fieber, das ich drei, vier Tage die Woche hatte – trotz Antibiotika und Ibuprofen – machte mich antriebslos und schwach.

Bis zu diesem Zeitpunkt hatte ich mich nie als Kranke betrachtet. Das mag jetzt für manche extrem klingen, unglaubwürdig, wenn man meine Krankengeschichte kennt, aber es war tatsächlich so.

Immer häufiger konnte ich nicht zum Training gehen oder verpasste Meisterschaftsspiele. Ich probierte wirklich alles, um die Infektionen zu verhindern, nahm Nahrungsergänzungsmittel, ernährte mich noch bewusster, vielseitiger und trank noch mehr – aber alles, was ich auch versuchte, es blieb erfolglos.

Aber dann, wie durch ein Wunder, kam ich durch die knapp sechswöchige Playoff-Runde 2022 ohne Infekt, ohne Fieber. Wir holten in einer dramatischen Serie gegen Potsdam, nachdem wir im vierten Spiel sogar zwei Matchbälle abwehrten, den Meistertitel in der fünften und entscheidenden Partie.

Ich hatte ein neues Supplement genommen, das zu helfen schien. Utimac, auf Basis von Cranberry, Bärentraube und Olive. Der Vater einer spanischen Mitspielerin hatte es mir empfohlen. Natürlich dachte ich, dass jetzt alles besser werden würde. Aber leider kam es anders, irgendwann setzten die Infektionen wieder ein, obwohl ich gar nicht mehr trainierte im Sommer und meinen Körper gar nicht überreizte.

Den Ärzten im Krankenhaus und mir war deshalb klar, dass ich ein größeres Problem haben musste. Aber sie konnten mir auch nicht mehr helfen, im Gegenteil.

»Bitte komm nicht mehr zu uns«, sagten sie zu mir. »Du bist kein Notfall, sondern eine Patientin mit chronischen Schmerzen. Suche dir einen guten Facharzt.«

Es war zum Verzweifeln. Es waren unsere Mannschaftsärzte, die mir dazu geraten hatten, mich ins Krankenhaus zu begeben – und nun wurde ich quasi gebeten, dies nicht mehr zu tun. Ich war für sie nur eine Patientin mit seltsamen chronischen Schmerzen geworden. Es gab offensichtlich keine Hoffnung mehr für mich, diese Schmerzen jemals loszuwerden.

Ich war deswegen häufig deprimiert, weil alle nur sagten: »Deine Situation ist sehr kompliziert. Und es gibt dafür keine Wunderantwort.«

Mir war schon klar, dass es nicht eine einfache Lösung für mein Problem geben konnte. Aber ich hatte schon erwartet, dass weitere Tests oder irgendwelche Untersuchungen gemacht würden, um wenigstens herauszufinden, was mir helfen könnte, oder den Krankheitsverlauf zumindest abzumildern. Ich war doch nicht durch einen Voodoo-Gott verzaubert worden.

Ich machte mir große Sorgen um mich und um meine Karriere als Profisportlerin. Aber was konnte ich noch tun, um weiter überhaupt Volleyball spielen zu können? Das musste ich herausfinden.

In den stillen Stunden der Selbstreflexion habe ich mir dann einen Plan zurechtgelegt. Mir ist bewusst geworden, dass ich noch weniger trainieren muss, noch weniger spielen, um für die wichtigen Partien fit zu sein – nur dann wäre es möglich, dass ich eine prägende Akteurin bleiben sowie weiter Meisterschaften gewinnen und zur wertvollsten Spielerin ausgezeichnet werden könnte. Tat ich das nicht, müsste ich aufhören.

Mein Körper hatte eine klare Meinung dazu, er hat schon genug gelitten, er schrie: »Aufhören, aufhören.«

Aber mein Geist akzeptierte das nicht und bellte zurück: »Krystal ist doch noch viel zu jung für die sportliche Rente.«

Ich brauchte einen Mittelweg, bei dem Körper und Geist miteinander klarkamen.

Bei mir galt die lateinische Redewendung schon lange nicht mehr: »Mens sana in corpore sano.« Ein gesunder Geist in einem gesunden Körper. Bei mir hieß es vielmehr: »Mens sana in corpore infirmo.« Ein gesunder Geist in einem kranken Körper.

Es blieb mir nichts anderes übrig, als es wieder wie die kleine Krystal zu machen und zu versuchen, physikalische und medizinischen Grenzen zu verschieben. Als die Ärzte meinen Eltern erzählten, dass ich nie würde gehen können, schlug ich daraufhin Räder.

Diesmal war meine Aufgabe, die Schmerzen zu ignorieren, um weiter für und vom Volleyball zu leben.

Dass ich dadurch vielleicht mir und meiner Gesundheit schade, das wissen und würdigen sie in Stuttgart gleichermaßen. Irgendwie ist das auch mein Glück. Die Klubverantwortlichen erkennen meinen Wert auf dem Feld und in der Kabine an, obwohl ich nicht mehr in jedem Spiel und jedem Training dabei sein kann. Sie räumen mir Sonderrechte ein, indem sie geduldig sind und mir stets alle Unterstützung und Zeit geben, um mich in Ruhe und ohne Druck auszukurieren – keine Selbstverständlichkeit im Profisport. Für mich ist es einer der Hauptgründe dafür, warum ich seit 2018 für Stuttgart auflaufe.

Vielleicht hätten sie mir diese Freiheiten auch bei einem anderen Klub in einem anderen Land gegeben, aber ich bin überzeugt davon, dass der MTV und Stuttgart der richtige Platz für mich sind. Ich habe auch meine Teamärzte hier, die mich kennen, und wenn sie mir auch nicht wirklich helfen können, versuchen sie es zumindest. Ich kann sie jederzeit anrufen, wenn ich sie brauche.

Das alles zusammen erlaubt es mir, dass ich überhaupt weiter professionell Volleyball spielen und mich sogar noch verbessern kann. Ich weiß, dass meine restliche Zeit als Sportlerin begrenzt ist, und deshalb schätze ich jeden Moment, am dem ich morgens aufwache und mich gut genug fühle, um zu trainieren. Ich hole dann so viel wie möglich aus mir heraus, damit ich meiner Mannschaft helfen kann.

Aber das darf kein Dauerzustand werden, ständig wieder Grenzen überwinden zu müssen, so wie früher.

Ich wollte mich deshalb nicht damit abfinden, dass die Ärzte ratlos sind, ich suchte neue auf. Ich wollte endlich wissen, was ich habe und was mir helfen könnte.

Deshalb suchte ich den Rat von weiteren Medizinern. Im Sommer 2023 fand ich so einen Arzt, der mir eine Impfung gegen die Infektionen gab. Als ich daraufhin mit einer schweren fiebrigen Entzündung reagierte, dachte ich schon: »Die Spritzen waren die falsche Entscheidung.«

Aber nach ein paar Tagen ging es besser, die Infektionen nahmen tatsächlich ab und tauchten mit viel größeren Zeitabständen wieder auf.

Den Durchbruch brachte dann mein früherer Arzt, den ich ein paar Wochen nach der Imfpung in München traf.

Trotz meiner gesundheitlichen Probleme habe ich insgesamt bisher eine großartige Zeit in Stuttgart erlebt. Sportlich haben wir fast alles erreicht.

Wir haben viermal die Bundesliga gewonnen, zweimal den deutschen Pokal, standen in einem internationalen Finale und dreimal in der Champions League unter den besten Acht. Der MTV ist der perfekte Verein für mich, die Nähe zu den Fans genieße ich besonders, sie sind so enthusiastisch, so laut und begeisternd. Sie entfachen in unserer Spielstätte inmitten der Stuttgarter Fußballarena regelmäßig eine stimmungsvolle Atmosphäre, die einzigartig ist.

Ich habe mittlerweile etliche Hallen in Europa durch unsere internationalen Spiele im CEV-Cup oder in der Champions League kennenlernen dürfen. Aber die Fans sind nirgendwo anders so mitreißend, fair und sportbegeistert wie unsere. Sie treiben uns zu Höchstleistungen an und sind ein Garant dafür, dass wir vor heimischer Kulisse so stark auftreten.

Dabei bekomme ich während der Partie gar nichts von dem Lärm, von der Unterstützung mit, überhaupt nichts. Ich spüre zwar die Energie in der Halle. Aber meine Teamkolleginnen kommen bisweilen nach dem Spiel zu mir und fragen, ob ich gehört hätte, dass die Fans lautstark »Krystal« gerufen hätten.

»Nein«, entgegne ich dann.

»Die Trommler hast du auch nicht gehört?«, fragen sie.

Auch den hörte ich nicht.

Ich bin so im Tunnel, wie wir Sportler zu dem Zustand sagen, wenn wir nur auf den nächsten Ballwechsel fokussiert sind und alles andere ausblenden können. Wer mich in der Halle schon häufiger hat spielen sehen, dem ist bestimmt aufgefallen, dass ich nach einem Ballwechsel kurz in mich gehe. Einfach stehen bleibe, als sei ich angefroren.

Während meine Mitspielerinnen um mich fröhlich den Punktgewinn feiern, blicke ich finster drein. Ich nehme mir diesen Moment bewusst, um mich selbst zu motivieren: »Krystal, bleib dran, du schaffst das alles. Du machst auch den nächsten Punkt und hilfst so deiner Mannschaft.« Ich brauche diesen Augenblick des inneren Rückzugs, um im Tunnel zu bleiben. Das mache ich so in jedem Spiel, nach jedem Ballwechsel. Außerdem prelle ich vor jedem Aufschlag den Ball mit beiden Händen so fest mehrere Sekunden auf den Boden, als müsste ich seine Robustheit testen. Ein weiteres Ritual, um mich zu konzentrieren.

Das Wertvollste für mich ist, dass ich meine Liebe zum Volleyball in Stuttgart wieder entdeckt habe und ich hier einen sicheren Platz habe, einen Rückzugsort, an dem ich ich selbst sein darf und kann.

Stuttgart ist für mich ein Stück Heimat geworden, weit weg von meinem Zuhause in Alabama. Das hängt natürlich viel mit dem Volleyball zusammen, weil ich mich gleich in einen ganz anderen, sehr viel selbstsicheren Menschen verwandele, sobald ich das Spielfeld betrete – aber nicht nur. Stuttgart ist ein Ort, an dem ich erwachsen geworden bin, gereift als Spielerin und als Mensch, und der mir genügend Raum gibt, mich im Sport und im Leben entfalten zu können.

Ich kann schon behaupten: Stuttgart ist meine große Liebe. Natürlich sind mir die Vorurteile über die Stadt bekannt. Es gibt nicht wenige Menschen, die zu mir sagen, dass es kaum Grünanlagen gäbe und dass die Stadt hässlich sei mit ihren großen Straßen und Häuserschluchten, den Bausünden nach dem Zweiten Weltkrieg, die die Innenstadt in viele einzelne Stücke zerschneiden.

Das sagen vor allem Menschen, die nur das Bahnhofsgelände kennen und nie auf dem Killesberg waren. Ich widerspreche dann immer und preise die Stadt an wie eine Einheimische, als wäre ich hier zwischen Neckar und Weinbergen geboren worden und aufgewachsen.

Ich habe so viele wunderbare Momente hier erlebt, so viele liebe Menschen getroffen, mit denen mich Freundschaften fürs Leben verbinden. Stuttgart werde ich immer in meinem Herzen tragen. Als Heimat, wo ich immer mit einem positiven Gefühl hingehen kann, weil ich dort willkommen bin.

KAPITEL 14

MEINE ZUKUNFT? LASSE ICH AUF MICH ZUKOMMEN

In die Zukunft zu schauen, ist natürlich schwierig. Ich bin keine Hellseherin und kann nicht den Gang meines Lebens voraussehen. Aber um ehrlich zu sein, ich habe bisher keine Ahnung davon, wie meine Karriere nach der Karriere als Berufsvolleyballerin wirklich aussehen könnte und wohin es mich verschlagen wird.

Vor einem Jahr hätte ich darauf eine klare Antwort gehabt. Als Jugendliche wollte ich immer Ärztin werden, auf der Uni dann Biologin, ehe ich mich dazu entschied, für und vom Volleyball zu leben. Während meiner Auslandsreise nach Spanien habe ich wiederum meine Liebe für das Land entdeckt. Da erschien es für mich logisch, beides miteinander zu verbinden.

Deshalb hätte ich vor einem Jahr gesagt: »Ich möchte in Spanien leben, in der Biotechnologie arbeiten und einen Hund haben.« Das klang doch nach einem super Plan.

Aber inzwischen habe ich darauf keine Antwort mehr.

Klar ist für mich nur, dass da draußen jede Menge Möglichkeiten auf mich warten.

Ich habe alles dafür getan, damit mir der Übergang vom Sport in das Berufsleben ohne große Probleme gelingen wird. Im Sommer 2023 habe ich meinen Master in Wirtschaftswissenschaften beendet, den ich einst in Frankreich begonnen hatte. Über ein Praktikum habe ich bei einem unserer Sponsoren in die Berufswelt reingeschnuppert, dabei ging es um internationales Partnerschaft-Management. Ein spannendes Feld, weil es auch viel um Strategie geht, um Spitzenmanager und wie sie so zusammenarbeiten können, damit das Unternehmen erfolgreich sein kann.

Es könnte also auch etwas anderes sein als Biotechnologie – und Spanien.

Ich lebe nun schon seit Sommer 2018 in Stuttgart. Ganz ehrlich, ich hege den Verdacht, dass ich nicht nur in das Land Spanien, sondern in den ganzen europäischen Kontinent verliebt bin. Ich mag das Leben hier, die Menschen sind mir sympathisch. Deshalb kann es gut sein, dass ich in Deutschland bleiben werde. Es ist allerdings noch zu früh, darüber zu spekulieren. Vielleicht lande ich auch wieder in den Vereinigten Staaten. Alles kann passieren. Who knows.

Im Moment setze ich nun erst einmal meine Profikarriere fort, nachdem ich die Infektionen besser im Griff habe. Oliver Muensterer und sein Team haben mir das ermöglicht.

Er ist eine Koryphäe auf dem Gebiet der Fehlbildungen bei Geburten. Daran hat er in den USA geforscht, am Universitätsklinikum in Birmingham. Und macht das jetzt in München wieder. Für mich ist es nur schwer in Worte zu fassen, was es für mich bedeutet, dass er sich nun mit zwei weiteren Kollegen um mich kümmert. Ein Geschenk des Himmels. Und schon gar keine Selbstverständlichkeit, er hat einen vollen Terminkalender, ist ausgelastet mit Operationen, Forschung und Lehre.

Aber auch für ihn ist das eine ungewöhnliche Erfahrung, wie er mir versicherte. »Eine Patientin nach zwanzig Jahren wieder zu treffen – und dann noch in einem fremden Land, ist sehr, sehr spannend«, sagte er zu mir. Es reize ihn sehr, mich abermals zu operieren.

Ende Mai 2024 lag ich schließlich auf seinem OP-Tisch. Acht Stunden dauerte sie.

Mein Alltag müsste durch den Eingriff wieder ein großes Stück leichter werden, hatte mir Muensterer davor versichert. Und was er und seine Kollegen bei dem Eingriff herausfanden, war wieder so typisch für mich und mein Leben.

Die Dinge sind bei mir einfach nicht so, wie sie zunächst scheinen.

Ich hatte nämlich nicht nur diese Fistel, die sich vom Darm aus Richtung Außenseite meines Bauchs zog und die diese unerträglichen Bauchschmerzen verursachte, die sich keiner meiner Ärzte hatte erklären können: Gleichzeitig hatte sich eine Zyste gebildet, die sich mit meinem Dickdarm und der Fistel verbunden hatte.

Es war auch keine gewöhnliche Zyste, wie der pathologische Befund später offenbarte, sondern eine Verdoppelung meines Darms, die ich vermutlich schon seit Geburt hatte – ein langes Ungetüm von 10,5 Zentimetern – und trotzdem war es niemandem zuvor aufgefallen. Inwieweit dieses Teil der Komplikationen und Schmerzen war, lässt sich nicht genau sagen. In jedem Fall konnte Dr. Muensterer beides entfernen.

Und er hatte nach der Acht-Stunden-Operation noch eine weitere gute Nachricht für mich: »Im Sommer 2025 wirst du dein Urostoma los«, sagte er zu mir. Ich schaute ihn mit großen Augen ungläubig an. Er wollte also nachholen, was den Chirurgen, als ich 15 Jahre alt war, nicht gelang.

»Ja, du hörst richtig«, fügte er hinzu. Er habe sich da ein neues künstliches Konstrukt mit einem Teil meines Darms ausgedacht, mit dem er das Urostoma von draußen nach drinnen, unter meine Bauchdecke, ziehen könnte. Ich würde dann nicht mehr auf meinen Beutel angewiesen sein. »Unglaublich, dieser Mann«, dachte ich mir, als er mir das erzählte. »Warum bin ich ihm nicht schon viel früher wieder begegnet.«

Ich weiß nicht, ob es zu meinem Leben dazu gehört, diese Extreme, diese krassen Gegensätze, aushalten zu müssen. Ende April feierte ich noch die vierte Meisterschaft mit meiner Mannschaft, wir holten unseren Titel in Schwerin und tanzten anschließend ausgelassen wie Kinder an ihrem achten Geburtstag im Kreis und schon wenige Tage später folgte die Acht-Stunden-OP, zum Glück mit erstaunlichen Ergebnissen.

Erfolge, Rückschläge, neue größere Erfolge, neue größere Rückschläge wechseln sich bei mir in schöner Regelmäßigkeit ab, als würde jemand exakt Buch darüber führen. Ich habe gelernt, dass es nicht schwer ist, sehr schnell sehr gut zu werden. Ich habe aber gelernt, dass es sehr schwer ist, sehr gut zu bleiben. Für mich noch schwerer als für andere, weil mir meine Krankheiten zusätzlich noch alles erschwert haben.

Die größte Lektion für mich ist deshalb: Ich bin eine starke Frau.

Egal ob ich meinen Körper zu immer höheren Leistungen treibe oder langsam mache.

Ich bin Krystal, eine Person, die in ihrem Leben schon so viel mitgemacht hat. Ich kann von mir behaupten, dass ich eine Lebensgeschichte habe, die viele Menschen, egal welchen Alters, inspirieren kann.

Jetzt weiß ich auch, dass es sich gut anfühlt, meine Geschichte mit anderen zu teilen. Dass es richtig ist, wenn ich mich öffne, nicht nur gegenüber anderen Leuten, sondern mir selbst gegenüber. Ich hatte vor diesem Schritt immer Angst, der Gedanke war mir unangenehm, weil ich dachte, die Dinge könnten ja noch schlimmer werden oder es passiert noch etwas ganz anderes.

Ich wusste natürlich, dass das Quatsch ist. Und es hatte auch immer wieder Zeiten in meinem Leben gegeben, in denen ich meine Geschichte anderen erzählte. Beispielsweise in Trainingslagern für junge Mädchen, bei denen ich mitgewirkt habe. Oder am College, als ich eine eigene Mannschaft trainierte. Und in seltenen Interviews.

Aber das waren immer nur kurze Einblicke, danach fing ich wieder an, mich zurückzuziehen.

Mir ist mittlerweile jedoch die Bedeutung für mein Leben bewusst geworden. Ich weiß nun, dass ich mir dabei helfe, wenn ich mein bewegtes und bewegendes Leben nicht für mich behalte, sondern es öffentlich mache und damit anderen Menschen womöglich Hoffnung schenke und ihnen Mut machen kann.

Deshalb liegt es mir so am Herzen, dieses Buch zu schreiben. Ich will etwas von dem zurückgeben, was ich erlebt habe.

Kürzlich habe ich mich wieder mit einer Frau über Facebook angefreundet, die wie ich als Jugendliche mit mir in dem Camp war. Ich hatte einfach das Bedürfnis danach, wieder engeren Kontakt mit Gleichgesinnten aufzunehmen.

Dazu angeregt hatte mich das Gespräch mit einer Freundin. Ich hatte ihr versucht, klarzumachen, wie anstrengend mein Alltag ist. Und auch, wenn meine Freunde mir Halt geben, immer für mich da sind, so richtig nachempfinden können sie natürlich nicht, wie mein Leben so aussieht. Das merkte ich in diesem Gespräch. Ich kam mal wieder aus dem Krankenhaus und sagte zu meiner Freundin: »Es fällt mir wirklich schwer zu akzeptieren, dass ich dort vornehmlich älteren Frauen begegne, während ich fast der einzige junge Mensch bin. Ganz offensichtlich bin ich nicht so gesund wie ich in meinem Alter sein sollte.«

Aber meine Freundin entgegnete nur: »Was meinst du? Du bist doch gesund.«

Ich war irritiert und antwortete: »Nein, das bin ich nicht.«

Sie begründete ihre Aussage damit, dass ich doch alles tun könnte.

»Ja«, sagte ich, »ich kann Volleyball spielen, ich kann reisen und mit Freunden abends ausgehen oder mich zum Essen verabreden. Aber das alles kann ich nur mit größtmöglicher Anstrengung tun, mit Sonderrechten, die mir eingeräumt werden.

Ich kann nur noch Volleyball spielen, weil ich weniger intensiv trainiere als meine Mitspielerinnen und weil ich mich auf jede Einheit zwei Stunden mit speziellen Übungen gewissenhaft vorbereite. Ich kann nicht überallhin reisen, weil ich immer in der Nähe einen Arzt und/oder ein Krankenhaus für den Notfall brauche. Und bevor ich in den Urlaub fahre, halte ich mich an einen strikten Tagesablauf, ohne mich körperlich übermäßig zu fordern, um so sicherzustellen, dass ich gesund bleibe.

Das alles beeinflusst mein Leben enorm. Es ist wie mit einer unsichtbaren Krankheit zu leben, die Leute starren einen zwar nicht ständig an. Aber ich wache jeden Morgen auf und habe nicht so viel Energie wie jemand, der gesund ist.«

Dieses Gespräch hat mir noch mal deutlich gemacht, dass mich am Ende nur die Menschen wirklich verstehen können, die etwas Ähnliches durchgemacht haben. So wie die in dem Youth Rally Camp, bei dem das Motto lautet: »Du bist nicht allein.«

Meine Facebook-Bekannte richtete mir aus, dass sich die Betreuer freuen würden, wenn ich mal das Camp besuchen käme, um den Kindern und Jugendlichen meine Geschichte zu erzählen. Das werde ich in jedem Fall machen, weil es mir ein wichtiges Anliegen ist. Denn dann kann ich mich selbst daran erinnern, dass ich nicht allein auf der Welt bin mit meinen Problemen.

Und ich kann den Mädchen und Jungen, die daran teilnehmen, zeigen, dass sie es auch nicht sind.

Ich habe nun mal diese Geschichte, die größer ist als ich. Und nur wenn ich sie weitertrage, kann ich damit viele Menschen inspirieren, davon bin ich fest überzeugt.

Ich kann Menschen dazu ermutigen, ihr Leben zu verändern, auch wenn sie sich davor zunächst fürchten, so ist es mir auch ergangen. Wenn es mir jedoch gelingt, dass sich das Leben nur eines Einzigen durch mein Buch oder meine Vorträge im Camp zum Positiven hin verbessert und er dadurch leichter durch eine schwere Zeit kommt, wäre das schon ein Erfolg. Dann habe ich mein Ziel erreicht.

DANKSAGUNG

Als ich zum ersten Mal auf dieses Buchprojekt angesprochen wurde, war ich zugegebenermaßen nicht sofort von der Idee angetan. Es brauchte einiges an Überzeugungsarbeit, denn obwohl ich meine Geschichte schon in verschiedenen Formaten erzählt hatte, sollte es dieses Mal etwas mehr sein. Jetzt, da das Buch fertig ist, möchte ich all jenen danken, die mir geholfen haben, meine Ängste zu überwinden und diese Idee in das wunderschöne Werk zu verwandeln, das es heute ist.

Zuerst möchte ich mich bei Matthias bedanken. Du warst hartnäckig in deinen Bemühungen, mir zu helfen, meine Geschichte zu erzählen. Als wir uns in einem Café trafen, um zu besprechen, was wir in einem Buch über mein Leben schreiben könnten, war es dein Glaube an mich, der mir half, die Schönheit der Buchidee zu erkennen. Danke, dass du dir die Zeit genommen hast, mir zuzuhören, dass du mir geholfen hast, meine Gedanken zu ordnen, und dass du mir all die richtigen Fragen gestellt hast. Deine Beharrlichkeit und deine Hingabe haben dies möglich gemacht. Ich möchte auch Tommy für seine harte Arbeit danken, um den perfekten Verlag für meine Geschichte zu finden, und für all die Hilfe, die er hinter den Kulissen geleistet hat. Ich möchte auch Julia und dem gesamten Verlagsteam, das hinter dem Projekt steht, meinen Dank aussprechen. Danke, dass ihr eine Vision und einen

Raum geschaffen habt, in dem ich mich vollkommen wohl fühlte, um meine Geschichte zu erzählen.

Vielen Dank an Kim, die diese Idee als Erste an mich herangetragen hat. Du hast mir gesagt: »Denk wirklich darüber nach. Es könnte richtig groß werden.« Diese Worte waren einfach, aber wahr, und sie haben mich in den Anfängen des Projekts nicht losgelassen. Darüber hinaus möchte ich auch dem Verein, allen Akteuren, den Mannschaftsärzten und allen Trainern und Mitarbeitern danken, die mich während meiner Zeit als Volleyballerin in Stuttgart unterstützt haben. Ohne sie alle hätte diese Geschichte ganz anders ausgesehen.

Ich möchte mich auch bei Dr. Muensterer bedanken. In der Zeit, in der wir uns für meine letzte Operation – die für sich genommen schon unglaublich war – wiedergetroffen haben, haben Sie mir neue Hoffnung gegeben und mich auf meiner Reise ermutigt.

Ein großes Dankeschön geht an meine Freunde in Stuttgart und die, die noch in den USA sind. Sie alle haben mich während dieses Buchprojekts sehr wohlwollend unterstützt. Sei es, dass ihr mir zugehört habt, als ich die Emotionen der Selbstöffnung verarbeitete, oder dass ihr mich in den Zeiten unterstützt habt, in denen ich krank war. All diese Momente sind in die Geschichte eingeflossen. Danke, Roosa, Maria, Simone, Micheli, Debbie, Vesna, Patrick und Cidavia. Danke, dass ihr da wart und mich ermutigt habt.

Schließlich möchte ich die Unterstützung und Liebe meiner Familie würdigen, denn ohne sie wäre ich heute nicht hier. Mein besonderer Dank gilt meinen Eltern, Deborah und Frank, meinem großen Bruder und seiner Familie, Lil Frank, Morgane und Milo, meinen Tanten Rosalind und Jackie und meinen Cousinen Michaela und Mica. Sie alle haben mich großartig unterstützt und ihre eigenen Erfahrungen mit mir geteilt, was wesentlich zu meiner Geschichte beigetragen hat.

AUTORENVITA

Krystal Rivers, geboren 1994 in Birmingham im US-Bundesstaat Alabama, gehört zu den besten Volleyballspielerinnen der Welt. Nach ihrem Spanisch- und Biologie-Studium an der University of Alabama in Tuscaloosa entschied sie, sich voll und ganz dem Volleyball zu widmen. Dabei hatte sie als Jugendliche eigentlich Ärztin werden wollen. Dass ihre Entscheidung für den Sport kein Fehler war, zeigte sich gleich bei ihrer ersten Profistation in Frankreich, wo sie auf Anhieb die Meisterschaft gewann. Seit 2018 spielt sie nun schon in Stuttgart. Sie hat den Klub wie kaum eine andere Spielerin geprägt und viele Titel errungen.

Matthias Schmid, geboren 1977 in Stuttgart, wuchs auf der Schwäbischen Alb auf und verbrachte fast seine ganze Jugend auf Sport- und Tennisplätzen. Früh schon interessierte er sich auch fürs Schreiben und die Politik und studierte deshalb nach seinem Volontariat Sport und Politikwissenschaft in Tübingen. Danach durfte er als Sportjournalist, unter anderem für die Süddeutsche Zeitung, zu all den Tennisturnieren reisen, von denen er als junger Tennisspieler noch glaubte, später selbst dort mal spielen zu dürfen. Heute lebt er mit seiner Frau und seinem Sohn in Reutlingen und schreibt noch immer. Aber nicht mehr über Sport.